• 일러두기

이 책에는 어린이들이 읽고 이해할 수 있도록 《손자병법》의 문장을 쉽게 다듬어 실었습니다.

• 참고 도서

《누구나 한 번쯤 읽어야 할 손자병법》, 미리내공방 엮음, 정민미디어
《김치영의 손자병법 강해》, 김치영 지음, 마인드북스
《만만한 손자병법》, 노병천 지음, 세종서적
《마흔에 읽는 손자병법》, 김상구 지음, 흐름출판

열 살,
손자병법을 만나다

지은이 **조경희** | 그린이 **임광희**

작가의 말

싸우지 않고 이기는 법

사람은 태어나면서부터 경쟁을 해야 하고, 경쟁으로 말미암아 어쩔 수 없이 크고 작은 다툼에 휩쓸리곤 해요. 그러고 보면 살아가는 것이 곧 싸움이며 전쟁이지요. 사람뿐만 아니라 나라와 나라 사이도 그렇고, 소속되어 있는 집단 간에도 그럴 수밖에 없어요. 이런 사실은 우리나라나 세계의 역사를 봐도 쉽게 알 수 있어요.

친구들끼리의 다툼도 작은 전쟁이라고 할 수 있어요. 마음이 척척 맞아 사이좋게 지내면 좋은데, 때때로 다툼이 일어날 때가 있지요. 그럴 때는 어떻게 하는 것이 좋을까요?

《손자병법》은 중국 춘추전국시대에 손무가 쓴 병법서인데, 싸움의 기술이 담긴 책이에요. 당시 중국은 수백, 수십 개의 나라로 쪼개져 싸움이 끊임없이 벌어지던 때였어요. 그야말로 살아남기 위해 싸워야 했고, 그로 인해 현명한 싸움의 기술이 절실하게 필요했지요.

전쟁에 능한 사람들은 너도나도 병법을 세상에 내놓았어요. 그중《손자병법》을 으뜸으로 치는 것은 그만큼 훌륭하기 때문이에요. 6,109자로 이뤄진 책일 뿐이지만, 많은 뜻이 담겨 있어요. 그래서 오랜 세월을 뛰어넘어 지금까지도 우리에게 소중한 지혜와 교훈을 주고 있지요.

《열 살, 손자병법을 만나다》는《손자병법》을 어린이 독자들에게 어떻게 하면 쉽게 전달할까 고민하면서 쓴 글이에요. 아울러《손자병법》을 통해 현재와 미래의 삶을 승리로 이끄는 멋진 친구들이 되었으면 좋겠다는 바람도 담았답니다.

"싸우지 않고 이기는 것이 가장 좋다."라는 말은《손자병법》에 나오는 말이에요. 이 말은 싸우지 않고 이기기 위해서는 자신이 먼저 강해져야 한다는 뜻이기도 해요. 그래야만 아무도 싸움을 걸지 못할 테니까요.

싸움은 총과 칼이나 힘으로 하는 것이 아니에요. 싸움에서 가장 강력한 무기는 '사람의 머리'예요. 그 어떤 것도 사람의 머리를 따라올 수는 없어요. 살아남기 위해 어쩔 수 없이 싸워야 할 때, 이 이야기가 여러분에게 훌륭한 병법서가 되면 좋겠어요. 남을 해치지 않으면서 나를 지키는, 그리하여 더불어 행복한 세상을 만드는 지혜를 배워 보세요.

동화작가 조경희

차례

작가의 말 4

1장 중간 놀이 시간이 필요해
회장단 간담회 10
우리 조상님이야 20

2장 전쟁의 시작
노른자를 빼앗고 말 거야! 32
시비를 걸어서라도 싸우게 해야지 42
승리의 맛 52

3장 전쟁은 빨리 끝낼수록 좋다
쥐도 궁지에 몰리면 고양이를 문다 64

여왕벌과 졸병 72

두 마리 토끼를 잡아라! 81

4장
싸움은 하면 할수록
습관처럼 굳어진다
줄다리기 대결 94

원칙과 변칙 104

전쟁터에도 꽃은 핀다 111

1장
중간 놀이 시간이 필요해

회장단 간담회

 셋째 주 수요일, 오늘은 한 달에 한 번씩 치러야 하는 4학년 회장단 간담회 날이다. 갑자기 '간담회'라는 단어의 뜻이 궁금해 스마트폰으로 뜻풀이를 검색해 보았다.

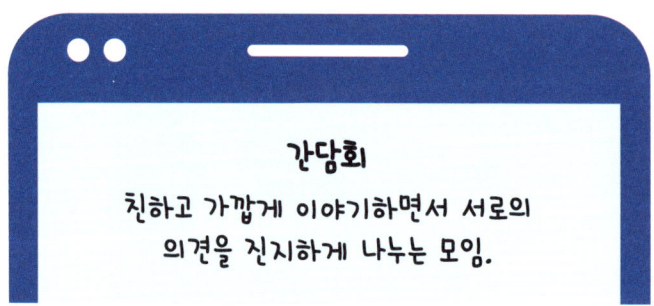

간담회
친하고 가깝게 이야기하면서 서로의
의견을 진지하게 나누는 모임.

 아주 좋은 뜻이다. 그러나 뜻풀이처럼 친하고, 가깝고, 진지한 사람은 회장단 간담회를 만든 교장 선생님뿐이었다. 다른 학년은 몰라도 우리 4학년은 1반 회장 강보람 혼자 떠드는 모임이었다. 그 생각을 하자 벌써 머리가 지끈거렸다.

솔직히 나는 회장을 할 생각이 전혀 없었다. 회장의 역할이란 아주 머리 아픈 일이기 때문이다. 초등학교 생활 3년 동안 내가 지켜보고 내린 결론이었다. 예를 들어 수업 시간에 아무도 발표를 안 하면 회장이 나서야 한다. 아이들이 하기 싫어하는 일을 억지로 해야 한다. 다들 하고 싶어 하는 일은 순순히 양보해야 한다. 선생님을 도와 수업 준비도 해야 하고 그 외에도 일이 아주 많다.

그럼에도 불구하고 내가 이런 골치 아픈 회장을 떠맡게 된 것은 순전히 눈치 빵점 동민이 때문이다.

"차웅휘를 우리 반 회장 후보로 강력히 추천합니다!"

동민이가 이렇게 나를 추천한 것이다. 그것도 우리 반 아이들이 아무도 추천을 하지 않자 나서서 나를 찍은 것이다.

"저는 회장 후보 추천 사양할래요!"

나는 동민이의 말이 떨어지기 무섭게 힘주어 말했다.

"짝!"

누군가 동민이의 추천에 찬성의 박수를 보내다가 얼른 그쳤다. 나의 거절이 워낙 단호해서 그랬을 것이다. 찬성 박수를 치려던 다른 아이들

도 책상 밑으로 슬그머니 손을 내렸다.

"……."

갑자기 교실이 쥐 죽은 듯 고요해졌다. 선생님도 좀 놀랐는지 한참 동안 말을 하지 못했다.

"1반은 회장을 하겠다고 서로 나선다는데 우리 반은 도대체……."

선생님은 실망한 듯 혼잣말처럼 중얼거렸다. 아이들은 큰 잘못을 한 듯 머리를 떨구었다. 공연히 나만 이상한 사람이 되어 버렸다.

"차웅휘, 회장 후보를 안 하겠다는 이유를 말해 줄 수 있어?"

나를 바라보는 선생님의 눈빛이 정말 궁금하여 묻는 듯했다.

"동민이가 부족한 저를 회장 후보로 추천해 주어서 고맙게 생각합니다. 그러나 회장은 양보를 많이 해야 하고, 어려움에 처한 친구가 있으면 앞장서서 도와주는 봉사 정신이 있어야 하고, 모든 일에 모범이 되어야 한다고 생각합니다. 그런데 저는 모범생도 아닌 데다 양보나 봉사하는 일은 귀찮고 싫습니다. 그래서 자격이 없습니다."

"와, 대박!"

"우아, 더 멋지다!"

"차웅휘, 짱이다!"

분명히 나는 회장 후보가 못 되는 이유를 솔직히 말했을 뿐이다. 그런데 아이들은 그런 나를 향해 감탄하며 느낌표를 마구 날렸다.

"차웅휘, 솔직하게 이야기해 줘서 고마워. 근데 처음부터 완벽한 회장이 어디 있니? 하기 싫은 것은 하지 않아도 되니까 우리 반 회장을 맡아보면 어떨까? 선생님이 부탁할게."

선생님이 나를 향해 두어 걸음 다가서며 부탁했다.

"짝짝짝짝짝!"

아이들이 기다렸다는 듯 박수를 치기 시작했다.

"자, 그만!"

선생님이 말리지 않았더라면 박수가 그치지 않았을 것이다.

"차웅휘, 단일 후보인 데다 이렇게 친구들이 좋아하는데…… 우리 반 회장을 해 줄 수 있지?"

마침내 선생님이 다가와 내 손을 잡았다. 선생님의 손은 뿌리치지 못할 정도로 부드럽고 따뜻했다. 졸지에 나는 회장 후보에서 우리 반 회장으로 결정되어 버렸다. 모양새 빠지는 무투표 당선이었다.

나는 간담회에 가기 위해 교실을 빠져나왔다. 마침 1반 회장 보람이도 교실에서 나오는 중이었다. 보람이는 뭐가 바쁜지 교장실을 향해 계단을 두 칸씩 뛰어 올라갔다.

보람이는 실내화가 닳도록 학급을 위해 봉사하겠다고 약속했단다.

어려움에 처한 친구가 있으면 최선을 다해 돕는다고 했단다. 한 발 더 나아가 4학년 1반을 모두가 부러워하는 최고의 반으로 만들겠다고 했단다. 완전히 이상주의자 회장이었다.

"교장 선생님, 안녕하세요. 저는 4학년 1반 회장 강보람입니다!"

나보다 앞서 교장실에 도착한 보람이는 복도가 쩌렁쩌렁 울리도록 인사를 했다. 나는 들어가면서 그냥 머리만 꾸벅 숙였다. 2반 회장 자명이와 4반 회장 우빈이도 교장실로 들어왔다. 나처럼 머리를 꾸벅 숙여 인사하면서 말이다.

"4학년 회장들이 모두 참석했으니 간담회를 시작해 볼까? 달달한 간식을 먹으면서 말이야."

교장 선생님이 우리를 보며 흐뭇한 미소를 지었다.

"네, 좋아요!"

보람이가 얼른 대답하며 과자 봉지를 까서 교장 선생님에게 공손히 내밀었다.

"어, 그래. 너희들도 어서 먹어라. 허허허!"

교장 선생님이 과자를 받아 입에 넣으며 기분 좋게 웃었다.

"오늘 간담회에서 다룰 주제에 대해 다른 학년 회장들과는 충분히 이야기를 나누었단다."

교장 선생님이 과자를 삼키느라 잠시 말을 멈췄다. 보람이만 음료수에 빨대를 꽂아 마셨고 나와 다른 반 회장들은 가만히 앉아 있었다.

"요즘 아이들은 학교를 마치면 학원에 가야 하고, 학원에서 돌아와 저녁을 먹고 난 후 학교 숙제와 학원 숙제를 하고 나면 잠자리에 들기 바쁘다지? 어쩌다 휴식 시간이 생기면 스마트폰을 하며 시간을 보내고 말이야. 그 바람에 운동량이 심각한 수준으로 줄어들었다고 하더라. 정말이지 요즘 아이들은 운동량이 부족해서 큰일이라니까."

교장 선생님이 무슨 말을 하려는지 도무지 감이 안 잡혔다. 무엇보다도 나는 교장 선생님의 입가에 붙은 과자 부스러기가 신경 쓰였다.

"네, 맞아요. 어릴 때는 실컷 뛰어놀아야 하는데 요즘 아이들은 정말 안됐어요."

보람이는 남의 말 하듯이 어른처럼 대꾸했다.

"그래서 말인데 건강을 위해 우리 학교도 중간 놀이 시간을 만들까 한단다. 너희들, 아니 회장들 생각은 어떠냐?"

교장 선생님이 나를 바라보며 물었다. 중간 놀이라니? 나는 몹시 당황했다. 솔직하게 말하면 나는 놀이가 싫었다. 놀이를 하느니 그 시간에 수학 문제를 푸는 것이 훨씬 이득이었다. 무엇보다 체육관이나 운동장으로 나가는 것이 귀찮았다.

"저는 반대합니다!"

나는 교장 선생님의 입가에 붙은 과자 부스러기를 보며 대답했다.

"반대라고?"

교장 선생님은 좀 놀란 듯했다. 그 바람에 과자 부스러기가 떨어졌다.

"그게, 그러니까…… 저는 몸을 움직이는 것이 싫어요. 싫어하는 것을 하면 스트레스를 받잖아요. 스트레스가 몸에 얼마나 해로운지 교장 선생님도 잘 아시죠? 그러니까 제 말은…… 저처럼 몸 쓰는 것을 싫어하는 아이들한테는 뛰노는 것이 오히려 건강에 해롭다는 거죠. 제 말뜻 이해하시죠?"

어차피 엎질러진 물이었다. 나는 생각나는 대로 솔직히 대답했다.

"물론 이해해. 하지만 늦었다. 다른 학년 회장단 간담회에서는 모두 찬성했거든."

교장 선생님은 기분이 몹시 상한 것처럼 보였다. 말이 좋아 간담회지 일방적인 강요였다.

"저는 중간 놀이 대찬성입니다! 자신이 몸 쓰는 것을 싫어한다고 해서 다른 아이들을 교실에 가둬 두겠다는 것은 이기적인 생각입니다. 특히 회장이 그러면 안 된다고 생각합니다."

기대도 안 했지만 역시 강보람다운 태도였다. 교장 선생님은 2반 회장 자명이와 4반 회장 우빈이를 번갈아 바라보았다. 자명이와 우빈이가 어쩔 수 없이 머리를 끄덕였다.

"자, 4학년도 회장단 간담회에서 과반수 이상으로 찬성했다. 회장들이 앞장서서 실행해 주기 바란다. 이상으로 오늘 간담회 끝!"

교장 선생님은 서둘러 간담회를 마무리해 버렸다.

우리 조상님이야

드디어 우리 학교에 중간 놀이 시간이 생겼다. 중간 놀이 시간은 2교시 수업을 마친 후였다.

1교시와 3교시 쉬는 시간을 5분씩 줄이고, 2교시 쉬는 시간 10분을 더해 20분이었다. 교장 선생님은 한 사람도 빠짐없이 교실 밖으로 나가라는 특명을 내렸다.

처음에는 낯설어하던 아이들도 점차 익숙해졌다. 중간 놀이 시간을 알리는 종이 울리면 앞다투어 교실을 우르르 빠져나갔다.

"교실에 남아 있지만 않으면 된다고 했어. 그러니 운동은 안 해도 괜찮아."

나는 문제집을 챙겨 마지못해 체육관으로 갔다. 그리고 스탠드에 앉아 문제집을 풀었다. 나처럼 운동이나 놀이에 참여하지 않고 스탠드에 앉아 있는 아이들도 많았다.

"야, 회장! 저기 교장 선생님 오셔. 얼른 문제집 감춰."

미소가 쪼르르 달려와 알려 주었다. 교장 선생님은 가끔 감시하듯 중간 놀이 시간에 모습을 나타냈다. 어떤 때는 일부러 아이들의 놀이에 섞이기도 했다. 교장 선생님이 그렇게 하자 선생님들도 하나둘 놀이에 참여했다.

"야, 우리 반은 왜 그래? 선생님도 관심 없고 회장도 관심 없고."

동민이가 불평하는 소리가 들렸다.

"1반 애들이 우리 보고 꺼지라는 게 말이 돼?"

동민이가 얼굴을 벌겋게 붉히며 씩씩거렸다. 보람이가 회장인 1반은 아이들 전체가 한 덩이처럼 똘똘 뭉쳐 놀이에 참여하고 있었다. 거기에 선생님까지 함께였다. 당연히 나머지 반 아이들은 체육관 가장자리로 밀려날 수밖에 없었다.

"교장 선생님, 여기요! 여기요!"

교장 선생님이 나타나자 보람이가 손을 번쩍 들고 펄쩍펄쩍 뛰었다. 그러더니 교장 선생님을 끌고 갔다.

"강보람 하는 행동 좀 보라고!"

동민이 얼굴이 붉으락푸르락했다.

"어쩌라고?"

나는 쓸데없는 일에 시간을 낭비하고 싶지 않았다. 다시 문제집으로 눈길을 돌렸다.

"1반을 그냥 두고 볼 거냐고! 강보람이 체육관 한가운데를 차지하고 저렇게 설쳐 대는데 그냥 놔둘 거냐고!"

동민이가 화를 내며 대들었다.

"그냥 놔두지 않으면 뭘 어떻게 해?"

아무 데서나 놀면 되는데 그깟 장소가 뭐가 그리 중요하다고 펄펄 뛰면서 열을 내는지 오히려 동민이가 이해되지 않았다.

"야, 차웅휘! 너 그거 알아? 보람이가 자신은 치열한 경쟁을 뚫고 회장에 당선되었는데, 너는 무투표로 회장에 당선되었다면서 너랑 자신은 급이 다른 회장이라고 떠들고 다닌대."

회장이 된 이후로 내 이름 뒤에 '무투표 당선 회장'이라는 말이 꼬리표처럼 붙어 다녔다. 억지로 떠맡은 회장이지만 무투표 당선 회장이라는 말을 들을 때마다 자존심이 팍팍 상했다. 그런데 그 말을 떠들고 다니는 아이가 보람이라는 사실을 듣자, 화가 치밀었다.

"우씨! 강보람, 가만 안 둘 거야!"

나는 당장 보람이에게 쫓아갈 것처럼 팔을 걷어붙이며 스탠드에서 벌떡 일어섰다.

"앗싸, 좋아. 1반이랑 한판 붙자. 전쟁이다!"

동민이가 좋아서 방방 뛰었다.

그때였다. 등 뒤에서 누군가 중얼거리는 소리가 들렸다.

> 임금은 화가 난다고 해도 함부로 전쟁을 일으켜서는 안 된다.

우리 반 검재였다. 검재는 나와 처음으로 한 반이 된 아이였다. 겉모습만 보자면, 키가 작고 몸도 비쩍 말랐는데 머리통만 커서 콩나물처럼 보였다. 검재는 말도 없고 눈에 띄는 움직임도 없어서 처음부터 있는 듯 없는 듯했다. 당연히 축구나 피구 같은 경기에도 못 끼었다. 중간 놀이 시간에 아이들과 섞이지 못하고 나처럼 스탠드에 앉아 책을 읽는 아이였다. 사실 검재의 목소리를 듣는 것도 이번이 거의 처음이었다.

"손검재, 그게 무슨 말인데?"

나는 검재가 한 말이 신기해서 물었다. 일단 나처럼 중간 놀이 시간을 싫어하는 것에 호감이 가기도 했다.

"《손자병법》이라는 책에 나오는 말이야."

검재가 또박또박 말했다. 검재는 특히 '손자병법'이라는 단어에 힘을 꾹꾹 주었다. 《손자병법》이라면 나도 들어 본 말이었다. 인터넷 게임을 할 때나 유튜브를 볼 때 자주 나왔다.

"너, 《손자병법》을 알아?"

나는 문제집을 치우고 검재에게 물었다.

"우리 조상님이 쓴 책인데 후손인 내가 왜 모르겠어."

검재가 야무지게 말했다. 조상님? 검재는 분명히 조상님이라고 했다. 그리고 자신을 후손이라고 했다.

"푸핫! 야, 손검재, 뻥치지 마!"

어처구니없는 말에 웃음부터 터졌다. 손자는 중국 사람이고 검재는 우리나라 사람인데 조상님이라니, 그야말로 왕뻥이다. 하지만 키와 몸집이 작아서인지 검재가 살짝 귀엽기도 했다. 만약 동민이나 재영이가 그랬더라면 콧방귀를 뀌며 상대도 안 했을 것이다.

"뻥 아니야. 진짜야. 나는 그래서 《손자병법》을 달달 외운다고."

검재의 말에서 진심이 뚝뚝 묻어났다.

"그래, 그렇다고 쳐. 그런데 네가 말한 '임금은 화가 난다고 해도 함

부로 전쟁을 일으켜서는 안 된다.'라는 말은 무슨 뜻이야? 《손자병법》에 나온다고 하니 알 것 아냐."

나는 웃음을 참으며 물었다.

> 전쟁은 나라의 큰일이다. 백성이 죽고 사느냐가 달려 있고,
> 나라가 망할 수도 있고 번창할 수도 있는 길이니
> 잘 살펴보고 시작해야 한다. 감정에 치우쳐 무턱대고
> 전쟁을 시작했다가 돌이킬 수 없는 상황에 빠질 수 있다.

검재가 책을 읽듯이 또박또박 말했다.

"전쟁은 장난이 아니야. 죽느냐 사느냐, 목숨이 왔다 갔다 하고, 존재하느냐 망하느냐, 나라의 운명이 달려 있는 아주 중요한 문제야. 이런 문제를 임금이 기분이 나쁘다고, 심심하다고, 힘자랑을 하고 싶다고, 화가 난다고, 감정에 치우쳐서 적을 함부로 건드려서는 안 돼."

검재가 술술 뜻풀이를 해 주었다. 결론은 함부로 싸움을 일으키지 말라는 거다.

"그래, 네 말이 맞아. 하지만 지금처럼 1반을 그냥 두고 볼 수도 없을 것 같아. 이대로 가다가는 곧 싸움이 벌어질 것이 뻔해. 무슨 좋은

방법이 없을까?"

어쩐지 검재가 믿음직스러웠다.

"《손자병법》은 아주 오래전에 손자가 쓴 병법서야. 전쟁에서 이기는 기술이 담겨 있는 책이지. 많은 시간이 흘렀는데도 사람들이 여전히 즐겨 찾는 것은 전쟁에서뿐만 아니라 인간관계나 회사를 운영하는 경영자한테도 큰 도움을 주기 때문이야."

"알겠어. 근데, 그래서 무슨 방법이 있냐고!"

나는 검재의 잘난 척을 차단하고 방법을 물었다.

"너 《손자병법》에서 손자가 가장 강조한 말이 무언지 알아?"

검재가 내 얼굴을 뚫어져라 쳐다보면서 물었다. 아는 것이 있어야 입이라도 뻥긋해 볼 텐데 《손자병법》에 대해서 손톱만큼도 아는 것이 없었다. 나는 대답 대신 고개를 저었다.

> 가장 최고의 병법은 싸우지 않고 이기는 것이다.

"일단 대화로 풀어 보는 것이 어때?"

검재가 방법을 제시해 주었다.

"그러니까 네 말은 가능하면 싸움을 피하라는 말이지?"

"응."

나는 검재가 알려 준 방법이 마음에 안 들었다. 하지만 지금으로서는 달리 뾰족한 방법이 없었다.

2장
전쟁의 시작

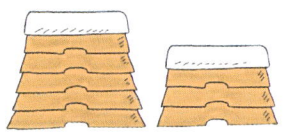

노른자를 빼앗고 말 거야!

우리 학교 체육관 바닥에는 두 개의 동그라미가 그려져 있다. 한가운데는 노란색, 가장자리는 흰색이다. 그 모양이 꼭 삶은 달걀을 반으로 쪼개 놓은 모습 같다. 아이들은 체육관의 한가운데 자리를 '노른자', 가장자리를 '흰자'라고 부른다.

얼마 전까지 5학년, 6학년이 노른자를 차지했기 때문에 나머지 학년은 '흰자', 즉 체육관의 가장자리에서 중간 놀이 시간을 보냈다. 그런데 날씨가 따뜻해지자 5학년, 6학년이 운동장으로 빠져나갔다.

그러자 호랑이 없는 골에 토끼가 왕 노릇을 한다고, 4학년 1반이 노른자를 독차지했다. 1반은 교실 문을 열고 어림잡아 스무 걸음만 옮기면 체육관이다. 그야말로 엎어지면 코가 닿을 만큼 정말 가까운 거리였다. 그러다 보니 하루이틀도 아니고 날마다 1반한테 노른자 자리를 빼앗겼다.

"강보람, 잠깐 얘기 좀 해."

나는 보람이와 이야기를 나누기 위해 노른자를 향해서 성큼성큼 걸어갔다.

"할 말 있으면 빨리 해!"

보람이가 노른자 안에서 대꾸했다.

"저기 노른자 말이야. 사이좋게……."

"싫어!"

말을 끝까지 들어 보지도 않고 보람이는 무 자르듯 단칼에 잘랐다.

"왜, 왜, 아, 안, 되는데?"

갑작스런 보람이의 태도에 나는 당황해 말을 더듬고 말았다.

"나는 냉면 위에 놓여 있는 삶은 달걀을 절대 양보하지 않아! 노른자는 더더욱!"

말을 마친 보람이가 쌩하니 등을 돌려서 가 버렸다. 우리 반 아이들이 지켜보는 앞에서 완전한 패배였다. 아이들의 실망스런 얼굴이 성큼 다가왔다.

"전쟁을 해서라도 강보람한테서 노른자를 빼앗고 말 거야!"

나는 검재를 바라보며 두 주먹을 꼭 쥐었다. 검재라면 뾰족한 대책이 있을 듯해서였다.

"전쟁을 하겠다고?"

"대화가 안 통하니 할 수 없잖아!"

"전쟁을 피할 수 없다면……."

검재가 말끝을 흐리며 한참 동안 생각에 잠겼다.

"전쟁을 피할 수 없다면, 어떻게 해야 하는데?"

나는 급한 마음에 앞뒤 안 가리고 대뜸 물었다.

> 전쟁은 평화를 지키는 최후의 수단이다.
>
> 전쟁을 피할 수 없다면, 반드시 이겨야 한다.
>
> 진짜 싸움을 잘하는 사람은 이겨 놓고 싸우는 사람이다.
>
> 이길 수 없다면 지켜야 하고, 이길 수 있을 때만 공격하라.
>
> 강한 자가 살아남는 게 아니라 살아남는 자가 강한 자다.
>
> 적을 알고 나를 알면 백 번 싸워도 위태롭지 않다.

검재가 나를 보며 또박또박 말했다. 《손자병법》에 나오는 글이 분명했다. 전체를 다 이해하기는 어려웠지만 들어 본 적이 있었다.

"혹시 지피지기면 백전백승을 말하는 거야? 적을 알고 나를 알면 백 번 싸워도 백 번을 이길 수 있다는 말이지? 그 말이 《손자병법》에 나오는 말이었어?"

나는 지켜보고 있는 아이들 앞에서 자랑스럽게 말했다.

"많은 사람이 너처럼 지피지기(知彼知己)면 백전백승(百戰百勝)이라고 알고 있는데, 그건 《손자병법》에는 없는 말이야. 원래는 지피지기(知彼知己)면 백전불태(百戰不殆)라고 적혀 있어. 적을 알고 나를 알면 백 번 싸워도 위태롭지 않다는 뜻이지."

얼굴이 화끈했다. 공연히 아는 척을 했다가 망신만 당했다. 아이들도 검재의 자세한 설명에 크게 놀라는 눈치였다. 검재가 이렇게 대화의 중심이 된 적은 없었다.

"그렇게 자세히 알 필요는 없고, 비슷하다는 말이네, 뭐."

나는 말도 안 되는 소리를 하고 말았다.

"맞아. 그거나 그거나야."

다행히 동민이가 내 편을 들어 주었다.

"그거나 그거나라니! 전쟁을 그렇게 쉽게 생각하면 안 된다고!"

검재의 목소리가 높아졌다. 처음 보는 모습이었다. 나를 비롯한 아이들이 움찔 놀라 그 자리에 얼어붙었다.

"그러니까 어떻게 싸워야 하냐고!"

마음 같아서는 1반이 노른자를 차지하든 말든 내버려두고 싶었다. 전쟁을 시작도 하기 전에 지끈지끈 골치가 아팠다. 나는 전쟁이 싫다. 내가 평화주의라서가 아니라 귀찮기 때문이다. 그런데도 전쟁을 하려는 이유는 이제 와서 말을 바꿀 수가 없어서다.

"그럼 어떻게 해?"

나는 목소리를 누그러뜨리면서 검재를 살살 달랬다.

> 백 번 싸워 백 번 이기는 것은 최고의 병법이 아니다.
> 가장 최고의 병법은 싸우지 않고 이기는 것이다.

에휴! 검재가 말을 마치자마자 나도 모르게 깊은 한숨이 나왔다. 누구나 전쟁에서 이기고 싶어 하지, 지고 싶은 사람은 없을 것이다. 그러니까 상대편도 나와 같은 마음이다. 즉, 말처럼 전쟁에서 이기는 것이 쉽지 않다는 뜻이다.

"전쟁을 하지 않고 강보람을 굴복시킬 방법이 있을까? '이겨 놓고 싸우려면' 어떻게 하면 되는데?"

나는 다시 검재를 졸랐다.

> 승리를 거두기 위해서는 잘 따져 보고 전쟁을 시작해야 한다.

"반을 이끄는 회장의 의사 결정은 신중해야 해. 손자가 말하기를, 기분이 나쁘다고 성급하게 전쟁을 일으키지 말고, 전쟁을 하려거든 철저히 따져 보아야 한다고 했어. 철저하게 따져서 이길 수 있는 승산이 있을 때만 전쟁을 하라고 말이야."

"무얼, 어떻게 철저하게 따져?"

나는 마음이 급했다.

> 전쟁을 일으키기에 앞서 다섯 가지 요소를 따져라.
>
> 첫째, 모두 하나가 될 수 있는가.
>
> 둘째, 계절, 날씨, 시간 등 하늘의 때를 잘 따져라.
>
> 셋째, 내가 공격할 땅의 특성을 살펴라.
>
> 넷째, 지혜와 지략에 능한 장수가 많이 있는가.
>
> 다섯째, 군대의 법과 규칙이 잘 마련되어 있는가.

"전쟁에서 이기는 방법은 이기는 싸움만 하라는 거야? 어떻게 그렇게 할 수가 있어?"

"손자가 말한 다섯 가지를 잘 따져서 승산이 있을 때만 싸우는 거지. 태권도에서 겨루기할 때 체급과 띠 색깔에 맞춰 대련하는 것을 생각해 봐. 왜 그런다고 생각해?"

"그거야 띠나 몸무게에 따라 실력과 힘이 차이 나기 때문이잖아. 검은 띠하고 흰 띠하고 대련하거나 헤비급과 라이트급이 대련하면 결과가 불을 보듯 너무도 뻔하니까."

"맞아. 쉽게 말해서 쥐가 잠자는 고양이의 코털을 건드려서는 안 된다는 말이야. 전쟁을 하기 전에 자기가 쥐인지 고양이인지 잘 따져 봐야 해."

검재의 말을 들은 나는 머릿속으로 다섯 가지를 따져 보았다. 다섯 가지 조건은 서로 엇비슷했다. 그나마 다행인 것은 1반을 상대로 우리 반 아이들이 한마음으로 똘똘 뭉쳤다는 거다. 평상시에는 노른자에 눈길조차 주지 않던 아이들마저 열을 내고 있었다. 싸움에서 단결은 아주 중요한 요소이기 때문에 손자가 첫 번째 요소로 꼽았을 것이다.

네 번째 요소를 따져 보면, 지혜와 지략에 능한 장수로 검재가 있다. 손자와 같은 '손' 씨라고 우기는 것에 콧방귀를 뀌었지만, 책을 많이 읽어서 그런지 제법이었다. 특히 《손자병법》을 구구단 외듯이 달달 외우고 있는 것 같아 믿음이 갔다.

검재는 몸집이 작고 운동 신경이 꽝이라서 군사로는 못 쓰지만, 지혜와 지략에 능하니 장수로 맞춤할 것 같았다. 싸움은 무식하게 힘만 가지고 하는 것이 아니니까. 나머지 둘째, 셋째, 다섯째 요소는 1반이나 우리 반이나 같은 상황이다. 처음에는 고만고만하다고 생각했다. 그런데 찬찬히 따져 보니 우리 반이 이길 가능성이 더 큰 것 같았다.

방금 전에 검재의 입을 통해서 들었던 "진짜 싸움을 잘하는 사람은 이겨 놓고 싸우는 사람이다."라는 손자의 말이 빙글빙글 머릿속을 돌고 돌았다. 회장으로서 반 아이들에게 멋진 승리를 보여 주고 싶은 욕심이 생겼다.

어떻게 하면 이기는 전쟁을 할 수 있을까? 계란으로 바위를 치는 싸움이 아니라, 바위로 계란을 치는 것처럼 확실하게 보람이를 이길 수 있는 방법이 없을까? 정말이지 보란 듯이 폼나게 이기고 싶었다.

시비를 걸어서라도 싸우게 해야지

나는 보람이의 높은 콧대를 꺾고, 우리 반이 노른자를 차지할 방법에 대해 생각하기 시작했다. 수업 내용이 하나도 귀에 들어오지 않았다. 수업 시간 내내 생각하고, 또 생각하고, 또 생각했다. 생각에 생각을 거듭한 끝에 캄캄하던 머릿속에서 형광등이 반짝 켜졌다.

"바로 이거야!"

보람이를 이길 수 있는 확실한 방법이 떠올랐다. 나는 점심시간을 이용해 우리 반 비상대책회의를 열었다.

"선생님한테 말씀드려서 1교시 수업을 5분 앞당겨 시작하는 거야."

급한 마음에 곧바로 내 생각을 말했다. 할인 행사하는 마트처럼 시끌시끌하던 교실이 순식간에 잠잠해졌다.

"그러니까 웅휘 네 말은 5분 먼저 시작해서 5분 먼저 2교시 수업을 마치면, 우리 반이 1반보다 먼저 체육관에 도착하게 되고, 그 결과 노른자를 차지할 수 있다는 거지?"

역시 훌륭한 장수는 뭐가 달라도 다르다. 검재가 방금 내가 한 말을 가장 빨리 알아들었다. 게다가 아이들이 알아듣기 쉽게 보충 설명까지 했다. 내가 듣기에도 검재의 말은 귀에 쏙쏙 들어와 박혔다. 아이들이 웅성거리기 시작했다.

"오, 좋다. 좋아!"

동민이가 박수를 쳤다.

"와아!"

다른 아이들도 동민이를 따라 박수를 쳤다. 교실 분위기가 뜨겁게 달아올랐다. 환호하는 아이들을 보자 어깨가 으쓱해졌다.

"얘들아, 잠깐만!"

유림이의 목소리가 들렸다.

"……."

찬물을 끼얹은 것처럼 교실 안이 다시 잠잠해졌.

"그것은 비겁한 속임수잖아. 게다가 학교 규칙에도 어긋나는 일이고, 무엇보다 담임 선생님이 허락 안 할걸?"

유림이가 똑 부러지게 말했다.

맞는 말이다. 미처 거기까지 생각하지 못한 나는 망치로 뒤통수를 한 대 세게 얻어맞은 기분이었다. 한 뼘이나 올라갔던 어깨가 바람 빠진 풍선처럼 쭈그러들었다. 모범을 보여야 할 회장이 앞장서서 속임수를 쓰다니, 아이들 앞에서 고개를 들 수가 없었다. '무투표 당선 회장'이라는 소리가 귓바퀴에서 앵앵거리는 것 같았다. 코끝이 매워지면서 눈물이 핑 돌았다. 그때였다.

"내 생각은 달라!"

칼을 뽑아 들듯이 검재가 유림이의 의견에 맞섰다.

"우리는 1반을 상대로 전쟁을 하는 거지 운동 경기를 하는 게 아니야. 경기에서는 규칙을 지키면서 정정당당하게 맞서야 하지만 전쟁은 달라. 정해진 규칙이 없기 때문이지. 모든 수단과 방법을 동원해서 상대편을 이겨야 해. 전쟁에서 정직은 의미가 없어. 오직 승리만 있을 뿐이지. 승리를 위해 속임수를 쓰는 것쯤은 기본이야. 달리 말하면 속임수도 '전략'이지. 속임수나 반칙을 쓰더라도 승리를 거머쥔다면 되려 칭찬을 받지만, 정정당당하게 싸워 패배하면 손가락질을 받는 것이 전쟁이야."

검재가 순식간에 말을 마쳤다. 숨이 막힐 정도로 교실 분위기가 무겁게 가라앉았다. 말뜻을 이해하지 못한 아이들이 서로서로 눈치를 살피느라 눈동자만 굴릴 뿐이었다.

"손검재, 네가 뭘 안다고 설치냐? 중간 놀이에 끼지도 못하는 콩나물 주제에!"

유림이가 검재를 쏘아보며 말했다. 타고난 몸은 자기 자신도 어쩔 수가 없는 것인데, 빼빼 마른 신체적 약점을 건들다니 유림이가 나빴다. 다른 사람의 의견에는 정정당당 어쩌고저쩌고 꼬치꼬치 따지면서 정작 자신이 비겁한 말을 하는 줄은 모르는 모양이다.

유림이가 뻔뻔스럽게 보였다. 입장을 바꿔 내가 검재라면 무척 화가 날 것 같았다. 나는 유림이와 검재가 싸울까 봐 마음이 조마조마했다. 1반과 싸워 보지도 못하고 우리 반 분위기가 엉망이 되는 건 아닌지 숨죽이며 두 사람을 지켜보았다.

"몸으로 하는 싸움은 못 해도 머리로 하는 싸움에서는 얼마든지 이길 자신이 있어. 나는 그 유명한《손자병법》을 쓴 손무의 후손이니까."

검재가 지지 않고 말했다. 그동안 나서지 않았을 뿐이지 생각이나 주장이 없는 건 아닌 듯했다.

"야! 그런 엉터리 같은 말이 어디 있어? 성씨가 같다고 다 후손이냐? 지나가는 개미가 웃겠다. 그리고 손무라고?《손자병법》은 손자가 쓴 거 아냐? 검재 네 말에 따르면, 손무가 쓴 책이니까 《손무병법》이라고 해야 맞지. 아니야?"

유림이가 따져 물었다. 생각해 보니 유림이 말이 맞는 것 같았다. 상대방 기분을 상하게 하는 말투이기는 해도 유림이는 맞는 말만 하는 것 같다. 아무런 의심도 없이 검재의 말만 듣고 따르던 내 자신이 새삼 바보스럽게 생각되었다. 하지만 《손자병법》을 구구단 외우듯이 달달 외우는 검재가 '손무'와 '손자'를 제대로 모를 리가 없다. 누구의 말이 맞고 틀리는지는 좀 더 지켜봐야 할 것 같았다.

"손무가 쓴 책인데 왜 《손자병법》이라고 하냐면, 중국 사람들은 훌륭한 사람에게 '자'를 붙이는 풍습이 있기 때문이야. 유명한 공자의 이름도 본래는 '공구'인데 '공자'라고 높여 부르는 거라고. 맹자, 순자도 마찬가지이고 말이야. 그러니까 '손무'를 훌륭하게 여겨 '손자'라고 높여 부르는 거지."

"아이고, 못 말려!"

검재의 설명을 다 들고 난 유림이가 고개를 절레절레 흔들었다.

"손자의 후손이라니 대단하다!"

"짱, 부러워!"

유림이와는 정반대로 검재를 바라보는 아이들의 눈빛은 부러움으로

반짝거렸다.

> 전쟁의 목적은 싸워서 이기는 것이다. 전쟁을 시작하지 않았으면 몰라도 일단 시작했으면 속임수를 써서라도 무조건 이겨야 한다. 그래야 큰 피해를 막을 수 있다.

 검재가 《손자병법》에 나오는 속임수에 대한 부분을 아이들에게 읽어 주었다. 검재의 손에 들려 있는 책은 한눈에 보기에도 벽돌처럼 두툼했다. 보는 것만으로도 숨이 턱 막혔다. 나라면 처음부터 책을 집어들 생각조차 안 했을 것이다. 아이들이 검재를 우러러봤다.
 "손해 볼 건 없으니까 선생님한테 가 보자."
 아이들이 검재의 말을 믿고 따르기 시작했다. 동민이가 앞장서서 아이들을 몰고 우르르 교실을 빠져나갔다.

 "역시, 안 통할 줄 알았다니까."
 잠시 후 아이들이 어깨를 축 늘어뜨린 채 풀이 죽어 교실로 되돌아왔다. 교무실에서 담임 선생님이 "이 녀석들 좀 보게. 학교 수업이 고무줄처럼 마음 내키는 대로 늘렸다 줄였다 하는 줄 아는 모양이야." 하며 모두가 들을 수 있게 야단을 쳤고, 그 소리를 듣고 교무실 안에 있던 선생님들이 하하 호호 웃는 바람에 창피만 당했다고 한다.

"1반에 결투를 신청하자!"

동민이가 말했다.

"좋은 생각이야!"

재영이가 맞장구를 쳤다. 교실 분위기가 다시 뜨겁게 달아올랐다. 점심시간 내내 냉탕과 온탕을 왔다 갔다 하는 기분이었다.

"결투를 하지 않고도 얼마든지 노른자를 차지할 수 있는데, 1반이 굳이 결투를 받아들이겠냐?"

유림이가 또 찬물을 끼얹었다.

"시비를 걸어서라도 싸우게 만들어야지."

동민이도 지지 않고 맞섰다.

"어떻게?"

"그건……."

동민이가 맞받아칠 말을 찾지 못하고 버퍼링에 걸린 것처럼 터덕거렸다.

"땅을 빼앗기 위해 다른 나라의 국경을 넘으면 전쟁이 벌어지는 거잖아. 빼앗으려는 자와 지키려는 자의 싸움이 바로 전쟁이니까."

검재가 동민이의 의견을 거들었다.

"그러니까 검재 네 말은 1반이 노른자에서 놀고 있을 때, 우리 반이 노른자를 침범하면 싸우지 않고 못 버틴다는 거지?"

버퍼링에 걸려 있던 동민이의 머리와 입이 재가동되었다.

"오, 좋다. 좋아!"

재영이가 맞장구를 쳤다.

"나는 찬성!"

"나도 찬성!"

재영이를 따라 아이들이 너도나도 찬성을 외쳤다.

"1반과 대결해서 우리 반이 확실히 승리할 수 있는 경기 종목은 뭐가 있을까?"

내가 묻자, 교실 안이 다시 잠잠해졌다.

승리의 맛

"축구로 하자!"

축구를 좋아하는 건희가 자신만만하게 외쳤다. 하지만 내 생각은 다르다. 결론부터 말하면, 축구는 의견을 주고받을 가치가 없는 경기 종목이다. 지난번에 1반 담임 선생님이 독감에 걸려 학교에 나오지 못했을 때 우리 반과 함께 체육 수업을 한 적이 있었다.

결과는 8 대 4로 우리 반이 이겼다. 그날의 패배를 1반은 분명하게 기억하고 있을 것이다.

"바보가 아니고서야 자신들에게 불리한 축구 종목에 순순히 응할 리가 없잖아!"

내가 말했다.

"그날 우리 반이 8 대 4로 1반을 이긴 것은 사실이야. 그런데 여덟 골 중에 일곱 골을 건희가 넣었잖아."

내 생각을 손바닥 보듯이 훤히 들여다본 검재가 맞받아쳤다.

"그래서?"

똥 마려운 강아지처럼 동민이가 검재의 말을 재촉했다.

"건희가 다리를 다친 것처럼 꾸미자는 거지."

검재가 말을 마치자마자 동민이가 검재를 향해 엄지척을 만들어 보였다.

"끝내주게 좋은 생각이다."

검재의 말에 아이들이 박수를 쳤다. 있는 듯 없는 듯, 나처럼 스탠드에 앉아 책만 읽던 검재의 인기가 어느새 하늘을 찔렀다.

> 전쟁이란 속이는 것이다. 잘하면서도 못하는 것처럼 보이고,
> 군대를 잘 부리면서도 못 부리는 것처럼 하며,
> 오른쪽을 칠 때는 왼쪽에서 소리를 내고,
> 가까운 곳을 보고 싶으면 먼 곳을 보는 척하고,
> 먼 곳을 보고 싶으면 가까운 곳을 보는 척하며 속여야 한다.

"건희가 어제 집에 가는 길에 자전거에서 떨어져 다리를 다친 것으로 하자. 어때?"

뚱한 표정을 풀고 유림이가 의견을 내놓았다. 물 위의 기름처럼 겉돌던 유림이마저 한마음이 된 것 같아 기분이 붕 떴다. 처음으로 회장이 되기를 잘했다는 생각이 들었다.

"완전 좋아!"

반 아이들은 마음이 척척 맞았다.

다음 날 아침 건희는 오른쪽 다리에 붕대를 감고 학교에 왔다. 재영이가 건희의 도우미를 하겠다고 나섰다. 1교시 쉬는 시간이 되자, 재영이는 1반 아이들 보란 듯이 건희를 부축해서 화장실에 다녀왔다. 오른쪽 다리를 절뚝거리며 아픈 표정을 짓는 건희의 연기도 훌륭했다. 덕분에 건희가 자전거에서 떨어져 오른쪽 다리를 다쳤다는 소문이 순식간에 퍼졌다.

중간 놀이 시간이 되자 아이들이 우르르 체육관으로 몰려갔다. 어김없이 1반 아이들이 노른자를 차지하고 축구를 하고 있었다. 우리 반 아이들은 전략대로 노른자를 침범했다. 동민이가 1반 아이들이 가지고 놀고 있던 축구공을 빼앗아 '뻥!' 차 버렸다.

"너희들 뭐냐!"

갑작스러운 상황에 보람이의 두 눈이 휘둥그레졌다. 아랑곳하지 않고 동민이가 깔깔거리면서 노른자 안을 마구 휘젓고 다녔다.

"차웅휘, 회장이면 반 아이들 관리 좀 하지?"

보람이가 가시눈을 하고 나한테 와서 따졌다.

"싫, 은, 데."

나는 버터를 한 통 삼킨 것 같은 미끌미끌한 목소리로 보람이의 화를 돋았다.

"어쩌자고?"

화가 난 보람이가 짜증을 냈다.

"정정당당하게 시합을 해서 노른자를 차지하자는 거지."

비상대책회의에서 짠 전략대로 나는 협상을 시작했다.

"사용 기간은?"

"일주일."

"경기 종목은?"

"축구."

예상했던 대로 '축구'라는 말이 나오자 보람이는 움찔했다. 머릿속으로 지난번 패배의 쓴맛을 떠올린 것 같았다.

"그동안 1반이 노른자를 차지한 것은 순전히 운이 좋았기 때문이잖

아. 교실이 체육관하고 가장 가까운 거리에 있으니까. 실력이 아닌 운으로 노른자를 차지하고도 창피하지 않냐?"

동민이가 보람이를 자극하기 시작했다.

"운도 실력이야!"

흥분한 보람이가 꽥꽥거렸다.

"정정당당하게 축구로 한판 붙자니까 겁나냐?"

"누, 누가 겁난대?"

"그럼 축구로 한판 붙는 거다."

나는 보람이를 몰아붙였다. 하지만 보람이는 선뜻 결정을 내리지 못하고 머뭇머뭇 망설였다.

그 순간, 짜인 각본대로 건희가 재영이의 부축을 받으며 절뚝절뚝 체육관 안으로 걸어 들어왔다. 건희의 모습을 본 보람이의 눈동자가 이리저리 굴러다녔다. 머릿속으로 계산기를 두드리는 것 같았다. '지난번 축구 시합에서 8 대 4로 3반에게 패배하기는 했어도 여덟 골 중에 일곱 골은 건희 혼자 넣은 것이었어. 건희만 선수로 뛰지 않는다면…… 얼마든지 이길 자신이 있어.'라며 잔머리를 굴리는 게 분명했다.

"그래, 좋아. 한판 붙자!"

결국 보람이가 받아들였다. 곧바로 축구 경기가 시작되었다. 선수로

뛸 아이들이 노른자 안으로 모였다. 조금 전까지 다리를 절뚝거리던 건희도 노른자 안으로 후다닥 뛰어 들어왔다.

> 전쟁을 잘하는 자는 적이 이길 수 없도록 해야 한다.
> 무릇 먼저 싸우는 곳에 도착하여 적을 기다리는 자는 이롭고,
> 적보다 늦게 도착하여 급하게 전투에 뛰어드는 자는
> 이롭지 아니하다. 그러므로 싸움을 잘하는 사람은
> 싸울 준비를 끝내고 적을 기다린다.
> 싸울 준비를 끝내고 적을 기다리는 자가 결국 이긴다.

"뭐야, 멀쩡하잖아!"

보람이는 그제야 속임수에 넘어갔다는 사실을 깨달은 모양이었다. 하지만 결정을 바꾸기에는 이미 늦었다.

예상대로 축구 경기 결과는 우리 반의 승리로 끝났다. 앞으로 일주일 동안 노른자는 우리 반 차지였다. 자신의 경솔한 결정에 노른자를 빼앗긴 보람이는 잡아먹을 것처럼 나를 째려봤다. 그러든지 말든지 첫 승리를 거머쥔 나는 씩 웃었다.

> 공격은 상대가 예상하지 못하고 있을 때 대비가 없는 상태에서 하는 법이다. 적군이 전술을 쓸 기회조차 주지 않아야 한다.

검재가 알려 준 《손자병법》 덕분에 큰 힘을 들이지 않고 얻은 첫 승리였다. 멋진 전략 덕분에 1반을 이기는 것은 그야말로 '식은 죽 먹기'처럼 쉬웠다. 축구 경기에서 진 것이 억울한지 보람이의 얼굴은 잔뜩 일그러졌다.

"으아앙!"

급기야 샘이 많은 보람이가 울음을 터뜨렸다.

3장
전쟁은 빨리 끝낼수록 좋다

쥐도 궁지에 몰리면 고양이를 문다

"검재야, 나도 《손자병법》을 읽으려고 해. 어떤 책이 좋은지 추천 좀 해 줘."

승리의 맛은 달콤했다. 그래서 더더욱 패배의 쓴맛을 보고 싶지 않았다.

"잠깐 기다려 봐."

검재는 사물함으로 뛰어가더니 한 무더기의 책을 그러안고 돌아왔다. 책을 본 나는 입이 떡 벌어졌다. 만화책부터 어른용으로 보이는 두툼한 책, 스케치북 크기의 종이에 복사된 책, 손수 베껴 쓴 공책까지 종류가 다양했다.

"이게 다 《손자병법》이라고?"

"응."

"이 책을 네가 다 읽었다고?"

"그래."

"설마 나도 다 읽으라는 거야? 말도 안 돼! 이렇게 많고 어려운 책을 언제 다 읽냐?"

"겁먹었냐? 책이 그렇게 무서워? 크크크!"

검재가 나를 놀렸다.

"야, 너처럼 책이 좋아서 읽는 사람과 나처럼 필요에 의해서 읽는 사람이 같냐!"

"딴소리하지 말고, 마음에 드는 걸로 한 권 골라 봐."

책을 바라보는 검재의 눈동자에 하트가 반짝거렸다. 나는 책들을 뒤적거렸다. 두툼한 책은 아예 거들떠보지도 않고 제쳤다. 그다음, 글자가 많거나 한자가 나오는 책도 제쳤다.

지금 눈앞에 산더미처럼 쌓여 있는 책이 무찔러야 할 적이라고 생각하고 싸울지 말지 따져 보았다. 그러고는 승산이 있는 책, 즉 내가 어렵지 않게 읽을 수 있는 책으로 만화를 골랐다. 어렵고 두꺼운 책을 읽는 검재 앞에서 부끄러운 마음이 살짝 들었다. 하지만 싸움에서는 이기는 것보다 지지 않는 것이 더 중요하니까.

"만화책을 고른 것 보니까 책이 무서운 것 맞네, 뭐. 그런데 웅휘야, 《손자병법》은 한자로 기껏해야 6,109자밖에 안 돼. 공책 몇 쪽 분량 정도지. 그러니까 겁을 먹을 필요가 없어. 크크크!"

검재가 계속해서 나를 놀렸다.

"기껏이라고? 그 말을 지금 나한테 믿으라는 거야?"

나는 손가락으로 책상 위에 쌓여 있는 두툼한 책을 가리켰다.

"이런 책은 글을 쓴 작가가 《손자병법》에 대한 설명을 덧붙여 놓아서 그런 거야. 그러니까 내 말은 만화책이든 두꺼운 책이든, 내용은 다 같다는 뜻이지."

검재의 말에 나는 마음이 놓였다. 만화책으로 읽으면 《손자병법》에 대해 수박 겉핥기처럼 알게 될까 봐 조마조마하던 마음이 잠잠해졌다.

"노른자는 우리의 것!"

우리 반은 승리의 기쁨에 들떠 축제 분위기였다. 2반과 4반 아이들한테 노른자를 차지한 이야기를 영웅담처럼 떠들고 다녔다. 이야기를 끝마칠 때는 보람이와 1반 아이들이 멍청해서 우리 반한테 속았다는 말을 빠뜨리지 않았다. 고작 일주일 동안 노른자를 차지한 것인데 온 천하를 얻은 것처럼 기고만장했다.

"멍청이들!"

1반 아이들과 마주칠 때마다 우리 반 아이들은 대놓고 '멍청이'라고 놀려 댔다.

> 적이 달아나면 쫓아가지 말고, 포위했을 때는 도망갈 구멍을 터 주고, 궁지에 몰린 적을 너무 괴롭히지 마라.
> 궁지에 몰린 적은 죽음을 각오하고 덤벼들 수 있다.
> 죽기를 각오하면 못 할 일이 없다.

그런 우리 반 아이들의 행동을 보면서 검재가 걱정스런 표정으로 말했다. 비록 만화책이지만 《손자병법》을 읽고 있었기 때문에 나는 검재의 말을 단박에 알아들을 수 있었다.

결국 일이 터지고 말았다. 중간 놀이 시간에 1반, 2반, 4반 아이들이 노른자로 몰려왔다.

"노른자가 3반 것이라는 게 말이 되냐?"

2반 회장 자명이와 4반 회장 우빈이가 입을 맞춘 듯 한목소리로 따졌다. 그 뒤에서 보람이가 팔을 걷어붙이고 씩씩거리며 서 있었다. 우리 반 아이들이 보람이와 1반 아이들을 너무 몰아붙인 것이 화를 부른

것 같았다. 보람이는 독기로 가득 차 있었다.

나는 전쟁을 시작할 것인지 말 것인지 따져 보지 않을 수 없었다. 전쟁을 일으키기에 앞서 복습하듯이 머릿속으로 다섯 가지 요소를 따져 보았다. 하지만 미친 듯 머리를 굴려도 3 대 1이라는 숫자가 이미 패배를 말해 주고 있었다.

"이제 어떻게 하지?"

나는 곧바로 검재에게 구조 요청을 했다.

> 승리는 잊어라. 적이 공격해 오지 않는다는 생각도 버려라. 패배를 당한 적군이 군대를 정비해 다시 쳐들어올 수도 있고, 전혀 생각지 못한 적이 쳐들어올 수도 있다. 언제 어느 때 적이 쳐들어오더라도 맞서 싸울 수 있게 대비해야 한다.

"궁지에 몰린 쥐는 고양이를 무는 법. 강보람, 그러니까 1반은 패배를 인정한 상태라서 대놓고 공격하지 못했을 거야. 그래서 2반과 4반을 부추겨 동맹을 맺고……."

지금의 상황을 머릿속으로 정리하듯이 검재가 중얼거렸다. 예상하지 못한 상황에 검재도 당황한 것 같았다. 믿을 사람이라고는 검재밖에 없는데 큰일이었다. 등줄기를 타고 식은땀이 주르륵 흘러내렸다.

> 아군보다 적군의 능력이 우수하다면 도망쳐야 한다.
> 불리한 상황에서는 잠시 피하는 것도 좋은 방법이다.

'작전상 후퇴'라는 단어가 머릿속을 스치고 지나갔다. 《손자병법》에서 언뜻 읽었던 기억이 났다. 손자가 말하기를, 전쟁은 이기는 것보다 지지 않는 것이 더 중요하다고 했다. 이길 수 없는 싸움을 피하는 것은 부끄러운 것이 아니다. 질 것 같은 싸움에서 후퇴하는 것도 이기는 방법이다. 생각을 정리한 나는 자명이와 우빈이에게 말했다.

"노른자는 나 혼자 결정할 수 있는 문제가 아니야. 우리 반 아이들한테 의견을 물어봐야 하니까 내일 다시 이야기하자."

"좋아. 내일 중간 놀이 시간에 노른자에서 만나!"

다행히 자명이와 우빈이가 내 제안을 받아들였다. 보람이는 아쉬운 표정을 지으며 돌아섰다. 작전상 후퇴로 일단 시간을 번 셈이었다.

아이들은 내일 치러질 전쟁을 '노른자 협상'이라고 이름 붙였다. 전쟁은 칼과 무기, 힘만으로 하는 것은 아니다. 원하는 것을 얻기 위해 말로 다투는 협상도 전쟁이다. 노른자 협상에서 이길 수 있는 대책을 마련하기 위해 우리 반 아이들은 머리를 맞댔다.

"3 대 1! 우리 반이 백퍼센트 진다, 져!"

동민이가 장담하듯 큰소리를 떵떵 쳤다.

"이동민, 너 바보냐? 싸워 보지도 않고 노른자를 내놓게? 이기든 지든 싸워 보긴 해야지! 그래야 덜 억울하지!"

유림이도 열을 냈다.

"괜히 싸워서 노른자를 통째로 빼앗기느니, 요일을 정해서 노른자를 사용하는 게 좋지 않을까?"

미소도 조심스럽게 의견을 내놓았다. 다양한 의견이 오고 갔지만, 결론은 싸워 봤자 승산이 없다는 말이었다. 아이들의 말에 귀를 기울이고 있던 검재가 무겁게 입을 열었다.

> 전쟁의 승패는 숫자에 달려 있지 않다.
>
> 군사가 많다고 해서 반드시 전쟁에서 승리한다는 보장은 없다.

"아이, 그러니까 싸워? 말아?"

답답해서 못 견디겠다는 듯이 동민이가 발을 쾅쾅 굴렀다.

여왕벌과 졸병

> 오른편이 왼편을 돕지 못하게 하라.
>
> 큰 부대가 작은 부대를 돕지 못하게 분열시켜야 한다.
>
> 적을 이간질시켜 스스로 멸망하게 하라.

 검재가 짧고 굵게 말했다. 나는 검재의 말이 무슨 뜻인지 단박에 알아들었다. 손자가 말하기를 "적의 외교 관계를 무너뜨려라!"라고 했다. 역시 《손자병법》을 읽은 보람이 있었다.

 "방금 검재가 한 말이 무슨 뜻이냐면, 너희들 '뭉치면 살고, 흩어지면 죽는다.'라는 말 알지? 이 말을 우리 편에서 해석하면 '적군이 뭉치면 내가 죽는다.'가 되는 거야. 알아들은 사람 손들어!"

아이들이 손을 들었다. 하나, 둘, 셋, 넷…… 스물다섯. 한 사람도 빠짐없이 모두 손을 들었다. 심장이 풍선처럼 부풀어 오르면서 몸이 붕 뜨는 것 같았다.

"1반, 2반, 4반의 동맹 관계를 깨지게 만들자는 이야기잖아."

유림이가 모두가 들을 수 있게 큰 목소리로 말했다.

"그래, 맞아. 1반, 2반, 4반을 어떻게 흔들면 좋을까?"

나는 유림이를 향해 질문을 던졌다.

"나한테 유치원 때부터 꼭 붙어 다니던 단짝이 있었어. 같은 학교는 아니지만, 같은 학원에 다녀서 거의 매일 만나는 친구였지. 그런데 며칠 전에 절교했다. 단짝의 아빠가 해외 발령이 나는 바람에 당분간 엄마와 단둘이 살게 되었거든. 단짝은 아빠가 보고 싶어 힘들어했어. 그런데 어떻게 된 일인지 단짝의 엄마, 아빠가 이혼했다는 소문이 학원에 쫙 퍼진 거야. 단짝은 내가 거짓 소문을 내고 다녔다면서 절교를 선언했어. 나는 정말이지 입도 뻥긋 안 했거든. 어떻게 해서 거짓 소문이 났는지 모르겠지만 말이야. 그러니까 내 말은 친구 사이를 깨뜨리는 데 소문만 한 것이 없다는 뜻이야."

항상 똑 부러지는 말만 하던 유림이가 아주 긴 이야기를 풀어놓았

다. 말하는 내내 목소리가 축축하게 젖어 있었다. 바로 직전까지 나는 유림이가 잘난 척이 심하다고 생각했다.

솔직히 유림이가 무슨 말을 할 때마다 '그래, 너 잘났다!' 하고 속으로 비웃은 적이 한두 번이 아니다. 그런데 생각이 바뀌었다. 그동안 유림이에 대해서 많은 오해를 하고 있었던 것 같다. 잘 알지도 못하면서 싫어하고 미워했던 것에 미안한 마음이 들었다. 아이들도 나와 같은 마음인지 말없이 고개만 끄떡였다.

"유림아, 그동안 얼마나 마음이 아팠니."

미소가 다가가 유림이를 꼭 안아 주었다. 미소를 시작으로 여자아이들이 너도나도 유림이 자리로 몰려가는 바람에 잠시 회의가 중단되었다. 나는 아이들이 유림이를 위로할 수 있게 기다렸다. 전쟁터에서 적

에게 맞서 함께 싸우다 보면, 병사들 사이에 끈끈한 전우애가 생긴다는 말을 들은 적이 있다. 그 말이 맞는 모양이다. 우리 반 아이들 사이에도 끈끈한 우정이 싹트고 있었다.

"검재야, 거짓 소문도 전술이라고 할 수 있냐?"

더 이상 궁금증을 못 참겠다는 듯이 동민이가 쭈뼛거리며 물었다.

> 유언비어를 경계해야 한다. 쓸데없는 의심만 없으면 함정에 빠지지 않으며, 죽음에 이르러서도 물러서지 않는다.

"신라가 다른 나라와 전쟁 중일 때 하늘에서 별똥별이 떨어졌대. 그러자 적군이 '하늘에서 별이 떨어졌으니 신라가 망할 것이다.'라는 소문

을 퍼뜨린 거야. 소문을 듣고 신라 군사들은 사기가 꺾였어. 그 모습을 보다 못한 김유신 장군은 연에 허수아비를 매달아 불을 붙인 다음 하늘 높이 띄웠어. 떨어진 별이 다시 하늘로 올라가는 것처럼 꾸민 거지. 그 결과 신라 군사들의 사기가 올라갔대. 이처럼 전쟁터에서는 아무 근거 없이 퍼진 소문이 전쟁의 승패를 가르기도 해."

검재가 무거운 표정으로 말을 마쳤다.

"거짓말은 나쁜 거잖아. 친구의 마음에 상처를 입히는 거잖아. 그런데도 거짓말을 퍼뜨려야 해?"

토끼 눈을 한 미소가 따지듯이 물었다.

"적을 이기기 위해 듣기 싫은 말도 들어야 하고, 보기 싫은 것도 봐야 하고, 하기 싫은 일도 해야만 하는 것이 전쟁이야."

검재의 설명을 들은 미소가 말없이 고개를 떨어뜨렸다. 반짝이는 작은 물방울 하나가 교실 바닥으로 '툭!' 떨어지는 것이 보였다. 검재의 말이 맞다. 처음부터 시작하지 않았다면 모르지만, 전쟁을 시작한 이상 이겨야만 한다.

"정신 차리고 동맹을 깰 수 있는 방법이나 생각하자. 응?"

동민이의 말에 아이들이 웅성거리기 시작했다.

"그래. 거짓말이 됐든, 속임수가 됐든, 권모술수가 됐든, 뭐든 생각하자."

내가 말했다.

"회장, 권모술수는 또 무슨 말이냐?"

유림이가 두 눈을 빛내면서 물었다. 나는 유림이 때문에 세 번 놀랐다. 친구 때문에 마음을 다쳤다는 것에 한 번, 유림이도 모르는 것이 있다는 사실에 또 한 번, 모르는 것을 묻는 당당한 태도에 또 한 번.

"권모술수는 목적을 달성하기 위해서 수단과 방법을 가리지 않는 것을 말해."

나는 유림이에게 권모술수의 뜻을 알려 주었다.

"권모술수, 권모술수, 권모술수……."

주문처럼 유림이가 중얼거렸다.

"자명이랑 우빈이는 남자! 강보람은 여자!"

유림이가 책상을 '탁!' 치며 외쳤다. 앞뒤가 없어 무슨 말인지 알아듣기가 힘들었다.

"강보람은 여왕벌! 자명이와 우빈이는 졸병!"

동민이가 싱글벙글하며 외쳤다. 나는 퍼즐 조각을 맞추는 것처럼 머릿속으로 유림이와 동민이가 한 말의 의미를 한 조각 한 조각 맞추어 나갔다.

"강보람이 여왕벌이라고 뽐내면서 자명이와 우빈이를 졸병 부리듯 한다고 소문을 내자. 자명이와 우빈이는 강보람한테 이용당하는 줄도 모르는 바보들이라고 소문내는 거야!"

마지막 퍼즐 조각을 끼워 넣듯 내가 말을 꿰맞췄다.

"빙고!"

유림이가 활짝 웃는 얼굴로 외쳤다. 동시에 우리 반 아이들이 후다닥 교실을 빠져나갔다. '여왕벌과 졸병' 소문을 퍼뜨리러 간 것이다.

세상에 소문만큼 빠른 것이 있을까. 발 없는 말이 소문이 되어 순식간에 퍼졌다.

"강보람 너는 여왕벌이고, 나랑 우빈이는 졸병이라고?"

1반 교실에서 자명이의 화난 목소리가 울려 퍼지기까지 한 시간도 안 걸린 것 같았다. 곧이어 우빈이가 1반 교실로 뛰어가는 모습이 눈에 들어왔다. 우리 반은 강 건너 불구경하듯 싸움을 지켜보았다.

"야, 차웅휘!"

보람이와 싸움이 끝났는지 자명이와 우빈이가 우리 반으로 나를 찾아왔다.

"왜?"

나는 아무것도 모르는 척 시치미를 떼고 대답했다.

"우리 손잡자!"

미리 입을 맞춘 것처럼 자명이와 우빈이가 사정하다시피 말했다.

"너희들 생각은 어때?"

나는 우리 반 아이들을 빙 둘러보며 의견을 물었다.

"찬성!"

"나도!"

"나도!"

이번에도 스물다섯 개의 팔이 한꺼번에 올라갔다. 나는 찬성의 뜻으로 자명이와 우빈이의 어깨에 팔을 두르며 말했다.

"내일 중간 놀이 시간에 노른자에서 같이 놀자!"

자명이와 우빈이가 동시에 대답했다.

"그래. 좋아!"

두 마리 토끼를 잡아라!

우리 반은 1교시 쉬는 시간을 이용해 중간 놀이 시간에 대한 전략을 짰다. 회의 결과 2반과 4반 아이들에게 무조건 친절하게 대하기로 결론을 내렸다.

"2반과 4반한테 꼬리를 흔들라는 거야? 죽어도 난 못해!"

동민이가 불같이 화를 냈다.

"동민아, 전쟁 중에는 오늘의 동지가 내일의 적이 될 수 있고, 오늘의 적이 내일의 동지가 될 수도 있어. 그러니까 친절하게 대해서 2반과 4반이 우리한테 등을 돌리지 않게 해야 해."

나는 좋은 말로 동민이를 달랬다.

"친절하게만 대하면, 확실히 우리 편이 되는 거야?"

동민이가 약간 누그러진 목소리로 물었다. 나는 대답 대신 고개를 저었다. 그러자 동민이가 불만스레 되물었다.

"2반과 4반이 언제 마음이 바뀔지 모르는데도 바보같이 친절을 베풀라고?"

"응."

"친절하려면 어떻게 해야 하는데?"

"무엇이든지 양보해야지."

"양보하려면, 경기에서 일부러 져 줘야 해?"

"그래."

"일부러 져 주면 재미없어서 놀기 싫은데."

"전쟁을 할 때는 싫은 일도 해야만 해."

"몰라, 마음대로 해!"

휴, 나는 겨우 동민이를 이해시키는 데 성공했다.

"동민아, 특히 2반과 4반 회장한테는 두 배로 친절해야 해."

검재가 말했다.

"두 배씩이나? 왜 그래야 하는데?"

동민이가 검재를 향해 눈을 치켜떴다.

> 전쟁은 승리가 귀하나 오래 끄는 것은 유익하지 않다.
>
> 전쟁은 속전속결해야 한다. 전쟁을 빨리 끝내려면 왕을 잡아라.

검재가 말했다.

"아하! 왕의 마음을 사로잡으면 된다는 말이지?"

동민이가 이마를 탁 치며 말했다.

중간 놀이 시간이 되자 우리 반을 비롯한 2반과 4반 아이들이 노른자에 모였다.

"뭐 하고 놀까?"

내가 물었다.

"분류하기 놀이할래?"

어이구, 누가 전교 1등 아니랄까 봐서 우빈이가 수업 시간에 배운 놀이를 제안했다. 나는 못마땅했지만 애써 표정 관리를 했다. 분류하기는 2학년 수학 시간에 배운 놀이다. 어디까지나 그것도 놀이라고 할 수 있다면 말이다.

분류하기는 동그랗게 앉아 술래가 "안경 낀 사람"이라고 외치면 안경 낀 아이들은 전부 빠져야 한다. 하나둘씩 빠지고 나서 가장 많이 남

는 팀이 이기는 게임이다. '분류하기'라는 놀이 제목부터 '재미없음'인데 그걸 하자고 하니 아이들의 반응이 썰렁했다.

"오예! 분류하기 놀이는 언제나 즐거워!"

어떻게 해야 할지 몰라 우물쭈물하고 있는데 동민이가 외쳤다. 내 기억이 맞는다면, 분류하기는 동민이가 싫어하는 놀이로 손꼽힌다. 체육 시간에 왜 수학 공부를 해야 하냐면서 "분류하기 개싫어!"라고 투덜거렸다가 선생님한테 혼이 난 적이 한두 번이 아니었다. 싫어도 너무

싫은 놀이를 좋아하는 척 연기를 한 것이다. 한술 더 떠 동민이는 술래를 하겠다고 나서기까지 했다.

"옷에 파란색이 들어간 사람."

동민이가 외치자, 옷에 파란색이 들어간 아이들이 자리에서 일어났다.

"쳇, 첫판부터 짜증 나!

툴툴거리면서 아이들이 노른자 밖으로 나갔다. 언뜻 보아도 우리 반 아이들이 절반이나 차지했다. 2반과 4반의 기분을 맞추기 위해 일부러

'파란색'을 고른 모양이었다.

"문자명, 나와라."

노른자 밖에서 4반 정우라는 아이가 자명이의 옷자락을 잡아끌었다.

4반 아이들이 술렁거리기 시작했다.

"내 옷에 파란색이 어디 있냐?"

자기 옷에 파란색이 들어간 줄도 모르고 있던 자명이가 손사래를 쳤다. 입고 있는 점퍼 등판에 돌고래 그림이 있다는 사실을 미처 생각지 못한 모양이었다. 그건 동민이도 마찬가지였다. 동민이 쪽에서는 자명이의 등판이 보이지 않았기 때문에 당연히 몰랐을 것이다. 만약 알았다면, 파란색이 아닌 다른 색을 선택했을 것이다.

"이게 어떻게 파란색이냐? 하늘색이지!"

동민이가 어떻게든 왕, 그러니까 자명이한테 친절을 베풀기 위해 하늘색이라고 우겼다.

"이게 어떻게 하늘색이냐? 파란색이지!"

4반 아이들이 한꺼번에 대들었다.

"속 좁은 애들하고 더 이상 못 놀겠다."

자명이가 정우를 밀쳤다. 정우가 '쿵!' 엉덩방아를 찧으며 '으악!' 비명을 질렀다. 생각보다 아픈지 눈물까지 글썽였다.

"반칙왕이 뭐래."

정우가 우는 모습에 열받은 4반 회장 우빈이가 자명이를 밀쳤다. 이번에는 자명이가 나동그라졌다. 이 모습을 본 2반과 4반 아이들이 흥분해서 엉켜들었다.

"이번 경기는 무효야! 무효!"

내가 외쳤다. 하지만 내 목소리에 귀를 기울이는 아이는 한 명도 없었다. 우리 반 아이들은 넋 놓고 싸움을 지켜보기만 했다. 두 마리의 토끼를 잡으려고 했는데…… 생각만큼 일이 잘 풀리지 않았다.

"문자명, 아니 2반은 노른자에서 꺼져!"

우빈이가 씩씩거렸다.

"똥반아, 누가 노른자의 주인인지 제대로 한판 붙자!"

자명이도 지지 않고 맞섰다. 우빈이는 자신의 '변' 씨 성 때문에 4반이 '똥반'이라고 놀림을 받는 것을 몹시 싫어했다. '똥반' 소리에 더 이상 화를 참지 못하고 우빈이가 자명이의 멱살을 잡았다.

"붙자고 하면 누가 겁낼 줄 알고? 좋아, 붙자!"

자명이도 우빈이의 멱살을 움켜쥐고 거친 숨을 씩씩거리면서 사납게 노려보았다. 이때 누구 한 사람의 주먹이 나간다면……, 전쟁이다.

'띠리리리~!'

때마침 3교시 시작종이 울려 퍼졌다.

"우씨, 앞으로 2반은 노른자에 발도 못 붙이게 할 테니 두고 봐!"

교실로 향하면서 2반과 4반 아이들은 서로를 잡아먹을 것처럼 으르렁거렸다. 결국 2반과 4반은 어제의 동지가 오늘의 적이 되고 말았다. 나는 두 마리의 토끼, 그러니까 2반과 4반 회장의 마음을 사로잡으려다 놓쳤다.

> 서투른 전쟁은 하지 마라. 앞뒤를 헤아리지 않고 전쟁에
> 뛰어드는 것을 무지, 즉 미련하다고 하고
> 앞뒤를 헤아리고도 급한 마음에 덤벼드는 것을 무모,
> 즉 신중함이나 꾀가 없다고 한다. 앞뒤를 잘 따져야
> 적절한 전술이 나오고 승리의 깃발을 잡을 수 있다.

손자가 말하기를 전쟁에서 '무지'와 '무모'를 조심하라고 했다. 그런데 욕심이 앞서서 앞뒤를 헤아리지 못했다. 철저한 준비도 없이 엉성하게 전쟁을 치른 것이 후회되었다.

"이동민, 너 때문이야!"

"맞아, 동민이 때문에 망했어!"

"많은 색깔 중에 파란색을 고를 게 뭐람!"

동민이에게 비난의 화살이 쏟아졌다.

"그게 왜 내 탓이야? 회장 탓이지. 나는 회장이 시키는 대로 왕에게 친절을 베푼 것뿐이라고!"

동민이가 침방울을 튀기면서 자신에게 날아든 화살을 나한테 돌렸다.

"나도 회장 책임이 가장 크다고 생각해."

건희도 한마디 보탰다. 나는 진짜 화살을 맞은 것처럼 가슴이 아팠다. 화살이 심장을 파고드는 것 같았다. 우정에 금이 가고 있었다.

> 전쟁을 하다 보면 뭔가 괴상한 일이 생겨 일을 그르치기도 한다.
> 아무리 잘 훈련된 군사라도 어처구니없는 일로 패배할 수 있다.
> 전쟁을 잘하는 장수는 군사들의 잘못을 캐묻고 꾸짖지 않는다.
> 사소한 패배에 연연하지 않고 기세를 유지시킨다.
> 승패와 상관없이 어떤 상황에서도 나무나 돌처럼 꿈쩍 않고
> 싸울 수 있게 지휘한다.

"웅휘야, 네 잘못이 아니야. 전쟁이란 예측은 해도 장담할 수 없어. 계획해야 하지만, 계획대로 되지 않는 때가 훨씬 많아. 안타깝게도 전

쟁의 승패를 알 수 있는 유일한 방법은 실전뿐이지. 그래도 1반, 2반, 4반의 외교 관계를 무너뜨리는 것엔 성공했으니까, 헛발질은 아니었어."

검재가 내 어깨를 툭툭 치면서 위로했다. 하지만 처진 어깨가 올라가지는 않았다. 스탠드에서 팔짱을 낀 채 지켜보던 강보람이 고소하다는 듯이 나를 향해 혀를 쏙 내밀었다.

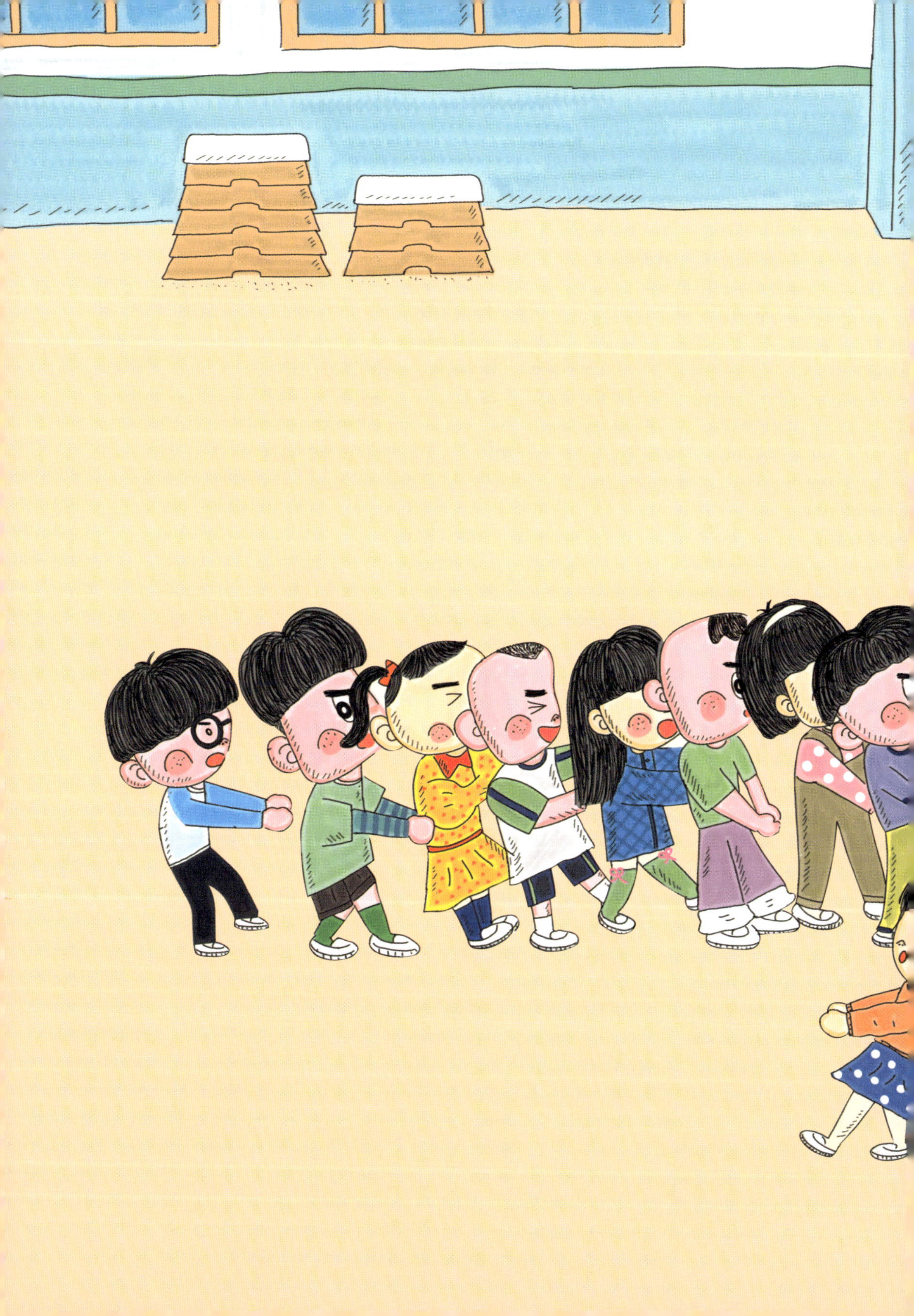

4장
싸움은 하면 할수록 습관처럼 굳어진다

줄다리기 대결

"미소야, 필통 정말 예쁘다."

쉬는 시간에 나는 미소의 필통에 대해 입에 침이 마르도록 칭찬했다. 갑작스러운 칭찬에 미소는 무슨 말을 하는지 모르겠다는 듯 어깨를 으쓱했다.

"동민아, 이거 너 먹어."

점심시간에는 동민이에게 닭다리를 양보했다. 동민이는 별일도 다 있다는 듯이 닭다리를 한입에 넣었다.

"건희야, 이거 너 가져."

　건희에게는 아끼는 연필을 주었다. 겉모양은 문구점에서 살 수 있는 흔한 연필인데 나에게는 특별하다. 아무리 어려운 문제도 술술 풀리는 마술 연필이기 때문이다. 그 사실을 알고 건희가 예전부터 달라고 보채던 연필이었다. 심장 한 귀퉁이가 뚝 떨어져 나가는 것처럼 아까웠다. 하지만 이렇게라도 해서 아이들의 마음을 붙잡고 싶었다.

　"툭!"

　책상 위로 쪽지가 날아왔다. 나는 조심스럽게 쪽지를 펼쳐 보았다.

> 장수가 비위를 맞추는 것은 군사들의 존경을 받지 못해서다.
>
> 상과 벌을 자주 주는 것은 통솔에 어려움이 있기 때문이다.
>
> 장수와 군사 사이에 믿음이 없다면,
>
> 상을 준다 한들 절대로 따르지 않는다.
>
> 장수 된 자는 지혜롭고, 믿을 수 있어야 하며,
>
> 인자하고, 용감하면서도 엄격해야 한다.
>
> 다섯 가지 조건 중 하나라도 빠지면 통솔이 제대로 안 된다.

내 행동을 보다 못한 검재가 보낸 것이었다. 쪽지에는 《손자병법》이 적혀 있었다. 지금의 내 행동을 장수에 빗대어 꼬집는 글이었다. 쪽지에 적힌 한 글자, 한 글자가 가시처럼 심장에 콕콕 박혔다. 나는 아이들과 검재 앞에서 고개를 들 수가 없었다. 정말이지 전쟁은 마음만 가지고 되는 게 아니었다.

4학년 회장단은 비상 간담회를 갖기로 의견을 모았다. 친하고 가까운 사이는 아니지만, 노른자 문제로 진지하게 의견을 나눌 필요가 있었기 때문이다. 물론 교장 선생님은 모르게 모이기로 했다.

"요일을 정해서 노른자를 나눠 쓰는 것이 어때?"

4반 회장 우빈이가 가장 먼저 의견을 내놓았다.

"나는 냉면 위에 얹어 있는 삶은 달걀을 절대 양보하지 않아! 노른자는 더더욱!"

보람이는 나한테 했던 말을 토씨 하나 안 틀리고 앵무새처럼 반복했다. 끝까지 보람이가 주장을 굽히지 않자, 전쟁을 피할 수 없었다. 회장들은 가위바위보로 경기 종목을 정하기로 했다. 진 순서대로 경기 종목을 정하기로 했는데 2반 자명이가 꼴찌였다. 단, 한 반에 남자 열 명, 여자 열 명이 참여할 수 있는 경기 종목이어야 한다는 조건이 붙었다.

자명이는 '줄다리기'를 선택했다. 내일 중간 놀이 시간에 줄다리기를 겨뤄서 이긴 반이 일주일간 노른자를 차지하기로 의견 일치를 보았다. 그다음 주는 가위바위보에서 3위를 한 보람이가 정하기로 했다.

"정말 되는 일이 하나도 없네!"

보람이는 발을 쿵쿵 굴렀다. 자신이 원하는 종목을 빨리 정하는 것은 불리하다. 그만큼 연습할 시간이 부족한 상태에서 경기를 치러야 하기 때문이다. 가위바위보에서 1등을 한 나는 '줄넘기'를 종목으로 정해야겠다고 마음속으로 생각했다. 우리 반 아이들도 크게 반대하지 않을 것이다. 왜냐하면 줄넘기 국가대표를 꿈꾸는 재영이가 있기 때문이다. 재영이는 방과 후에 줄넘기 학원을 다니며 맹연습을 하고 있다. 그만큼 줄넘기 실력이 월등해 여러 대회에서 메달을 많이 땄다.

교실로 돌아와 아이들한테 회의 내용을 전달했다. 줄다리기를 해야 한다고 하자, 교실 여기저기에서 비명 소리가 터져 나왔다.

"으악, 1반과 2반에 덩치들이 몰려 있어서 우리 반이 불리해!"

"승부는 겨뤄 봐야 아는 거야. 미리 실망할 필요는 없어!"

> 전쟁에 있어 기세를 잡는다는 것은 적에게 미처 생각지 못한 큰 타격을 주는 것이므로 매우 중요한 일이다.
> 전략을 쓰고 있으면서도 쓰지 않는 것처럼 보여야 한다.
> 그 낌새를 결코 밖으로 드러내서는 안 된다.
> 전략은 절대 비밀이어야 한다.

"줄다리기는 힘보다 기술이 필요해!"

실망하던 아이들이 서서히 줄다리기에서 이기는 방법을 생각하기 시작했다. 나는 스마트폰을 이용해 '줄다리기 이기는 법'을 검색했다.

쉬는 시간을 이용해 줄다리기 연습을 시작했다. 힘이 센 아이들을 앞쪽과 뒤쪽에 배치했다.

"쉿! 우리 반이 쉬는 시간을 이용해 줄다리기 연습을 한다는 사실을 다른 반이 모르게 해야 해."

내가 말했다.

"두말하면 잔소리지!"

동민이가 눈을 찡긋했다.

"줄을 좌우로 잡아!"

"빈틈없이 촘촘하게 붙으라고!"

줄이 없는데도 아이들이 마치 줄이 있는 것처럼 자세를 잡았다.

"힘껏 당겨!"

줄다리기 연습하는 소리가 교실 밖으로 새어 나가지 않게 내가 입 모양으로 지시했다. 그런데도 아이들이 척척 알아들었다.

"영차, 영차!"

아이들도 소리를 내지 않고 입 모양으로 박자를 맞췄다. 또다시 우리 반 아이들이 한 몸, 한마음으로 똘똘 뭉쳤다.

"내일 힘을 쓰려면, 아침에 밥과 고기를 든든하게 먹고 와라!"

"옷은 운동복 입고, 운동화도 안 미끄러지는 걸로 신고 와야 해."

"알았어!"

종례를 마치고 헤어지는 아이들의 표정은 밝고 희망찼다.

약속이나 한 것처럼 우리 반 아이들 대부분 아침 일찍 등교했다. 동민이가 태권도 관장님을 졸라 줄다리기 줄을 구해 왔다. 덕분에 연습은 더욱 활기를 띠었다. 1교시 쉬는 시간 5분을 이용해 줄다리기 연습을 했다. 남자 열 명, 여자 열 명. 총 스무 명의 선수를 뽑았다. 나와 검재는 지략을 짜고, 나머지 아이들은 응원을 맡기로 했다.

드디어 중간 놀이 시간이 되었다. 1반과 4반, 2반과 3반이 1차전에서 붙었다. 연습을 해서인지 우리 반은 2반을 거뜬히 무찔렀다. 우리 반은 1반과 결승전을 치르게 되었다. 지난번에 속임수에 당한 분을 풀겠다는 각오로 1반 아이들의 눈빛이 이글이글 불타고 있었다.

> 무시무시한 기세로 흐르는 거센 물살은 산도 허물고,
> 큰 돌을 떠오르게 하여 바다도 메울 수 있다.

"얘들아, 거센 물살에는 더 큰 파도로 맞서 싸워야만 해!"

검재가 우리 반 아이들만 알아들을 수 있게 작게 소곤거렸다.

"줄을 겨드랑이 사이에 끼워! 두 발을 11자로 똑바로 놓고, 바닥에서 발이 떨어지지 않게 해. 줄다리기의 최강 전략은 끌려갈 것 같으면, 뒤로 눕는 거야!"

내가 말했다. 알아들었다는 듯 아이들이 고개를 끄덕였다.

> 사나운 매가 먹이를 빠르게 낚아챌 수 있는 것은
> 순간적인 기회를 잘 잡기 때문이다.
> 다시 말해서 적의 허점이 보일 때 즉시 공격해야 한다.

"상대편 호흡이 무너질 때를 노려야 해!"

검재가 아이들에게 여러 번 되풀이해 말했다.

"영차! 영차!"

드디어 실전이 시작되었다. 줄이 팽팽하게 당겨졌다.

"끝날 때까지 끝난 게 아니야. 줄을 잡고 끝까지 버텨야 해!"

나는 목이 터져라 외쳤다.

원칙과 변칙

 밀고 당기고, 엎치락뒤치락, 아슬아슬 줄다리기 대결이 이어졌다. 지켜보는 것만으로도 손에 땀이 났다. 그때였다. 1반 아영이의 머리에서 머리띠가 이마로 흘러내렸다. 머리띠를 추켜올리느라 아영이의 오른손이 줄에서 떨어졌다.

 "바로 지금이야!"

내가 큰 소리로 외쳤다. 그러자 우리 반 아이들이 사나운 매가 먹이를 낚아채듯 줄을 힘껏 잡아당겼다. 줄에 매달린 1반 아이들이 고구마 줄기처럼 주르르 끌려왔다.

"오~예!"

줄다리기는 우리 반의 승리로 끝났다. 한마음이 되어 힘을 똘똘 뭉친 결과였다.

"전쟁터가 놀이동산이냐, 멋 부리게!"

"그래. 주아영, 멋 좀 그만 부려라."

"주아영, 꼴 보기 싫으니 이참에 머리카락 싹뚝 잘라 버려!"

당연하다는 듯이 1반 아이들이 아영이에게 비난의 화살을 쏘아 댔다. 패배의 주범으로 몰린 아영이는 아무 대꾸도 못하고 죄인처럼 눈물만 뚝뚝 흘렸다.

> 전쟁을 망치는 가장 큰 원인은 바로 분노와 화다.
> 작은 일을 참지 못하고 화를 내면 큰 계획을 어지럽힌다.

손자는 분노와 화를 경계해야 한다고 했다. 아무리 강조해도 지나치지 않는다고 했다. 그런데 지금 1반은 분노와 화를 이기지 못하고 용암처럼 들끓고 있었다. 반대로 우리 반은 서로 부둥켜안고 좋아서 방방 뛰었다. 노른자 안은 분노와 기쁨이 얽히고설켜 어수선했다.

"검재야, 승리에 들떠 있을 때가 가장 위험한 법이지?"

나는 첫 번째 승리를 떠올렸다. 자신감이 넘쳐나 두 마리의 토끼를 잡는 데 허술한 전술을 세웠었다. 이런 내 생각을 읽었는지 검재가 고개를 끄덕였다.

"다음 전략을 세우자."

내 말이 떨어지기 바쁘게 검재가 사물함에서 《손자병법》을 꺼내 왔다. 나와 검재는 《손자병법》을 뒤적거리면서 전략을 세우기 시작했다.

"우리 반 경기 종목을 줄넘기로 정할 생각인데, 네 생각은 어때?"

나는 조심스럽게 물었다.

"재영이 때문에 줄넘기를 생각해 낸 거지?"

"응."

더 이상 설명이 필요하지 않을 것 같아 짧게 대답했다.

> 전쟁은 원칙대로 싸우다가 변칙으로 이기는 것이다.
> 패배하지 않으려면 원칙과 변칙 전술을 조화롭게 사용해야 한다.
> 전술의 변화무쌍함이 하늘처럼 끝이 없고,
> 바다처럼 마르지 않아야 한다.

"무슨 말이야?"

검재의 말에 몸이 전봇대처럼 뻣뻣해졌다. 말의 뜻은 이해하지 못했어도 내 생각이 틀렸다는 것은 느낌으로 알 수 있었다. 형광등 스위치를 켰다 껐다 하는 것처럼 싸움의 정석, 변칙, 변화무쌍과 같은 단어들이 머릿속에서 떠올랐다가 사라졌다. 분명히 《손자병법》에서 읽었는데 기억이 가물가물했다.

> 적을 쉽게 보는 장수는 반드시 적에게 사로잡히고 만다.

검재가 알쏭달쏭한 말만 했다.

"뭐야, 내가 무엇을 놓치고 있는데? 빙빙 돌리지 말고 빨리 말해!"

나는 주먹으로 가슴을 팡팡 쳤다. 뜨거운 고구마를 통째로 삼킨 것처럼 속에서 불이 나면서 답답했다.

"한마디로 말해서 너무나 빤하잖아. 재영이가 줄넘기를 잘하는 것은 4학년뿐만 아니라 전교생이 다 아는 사실이야. 유치원 아이라도 우리 반이 경기 종목으로 줄넘기를 선택할 거라고 짐작하고도 남지."

"그래서?"

나는 마른침을 꼴깍 삼켰다.

"모르긴 몰라도 다른 반 아이들이 벌써 줄넘기 연습을 시작했을걸."

미처 거기까지는 생각하지 못했다. 그동안 《손자병법》을 읽는다고 읽었는데도 검재의 생각을 따라잡을 수가 없었다.

"어떡해? 어떡해?"

나는 고장 난 녹음기처럼 같은 말만 되풀이했다.

"우리 반이 줄넘기를 선택할 거라고 믿게 내버려두는 거지."

아하! 검재의 말을 들은 나는 감탄하지 않을 수 없었다. 목구멍에 얹혀 있던 고구마가 쑥 내려가면서 속이 뻥 뚫리는 것 같았다.

"그러니까 검재 네 말은 다른 반 아이들이 줄넘기를 연습하게 해놓고, 전혀 예상하지 못한 경기 종목을 내놓자는 말이지?"

"그래. 줄넘기로 다른 반 아이들의 힘을 빼놓을 수도 있고."

"우아, 손검재!"

너무나 기쁜 나머지 나도 모르게 그만 검재를 끌어안고 말았다.

"야, 이거 놔! 숨 막혀!"

검재가 내 가슴팍에서 버둥거렸다.

"캑캑! 아직 존경하긴 이르다! 나한테 더 멋진 작전이 있어. 이름하여 미.남.계."

내 가슴팍에서 풀려난 검재가 숨을 캑캑거리면서 말했다.

"미남계?"

줄넘기 이야기하다 미남계로 건너뛰자, 나는 머리를 갸웃거렸다. 생뚱한 말이라 얼른 이해가 되지 않았다.

"응, 미남계. 웅휘 네가 활약을 해 줘야 해."

"뭐래. 내가 미남인 건 맞지만, 큼, 큼, 누구를 꼬시라는 거야? 설마 강보람?"

"연애도 전략이다."

검재가 딱 잘라 말했다.

"그러니까 지금 네 말은 나더러 강보람과 사귀라는 거야?"

나는 소리를 빽 질렀다. 꿈에서도 보기 싫은 사람을 꼽으라면 망설

임 없이 강보람을 꼽을 것이다. 강보람과 같은 학교 안에서 같은 공기를 마신다는 것만으로도 짜증 난다. 그만큼 나는 강보람이 최고로, 최강 싫다.

"손검재, 설마 미쳤냐!"

나는 검재 보란 듯이 검지손가락을 귓바퀴 옆에서 빙빙 돌리면서 말했다.

> 정보를 모으는 데 소홀히 하면 나라가 위험에 빠진다.
> 현명한 임금과 장수는 적의 내부 사정을 알기 위해 스파이를 이용한다.

내 말을 무시하고 검재는 자기가 하고 싶은 말만 했다.

"지, 지, 지금 나한테 스, 스파이 짓을 하라는 거야? 그, 그, 그것도 강보람과 사, 사귀어서 정보를 빼 오, 오라고?"

나는 기가 막혀서 말이 나오지 않았다.

전쟁터에도 꽃은 핀다

"지피지기면 백전불태라는 말 기억하지?"

검재가 물었다.

"적을 알고 나를 알아야 백 번 싸워도 위태롭지 않다."

나는 뚱한 표정으로 대답했다.

> 장수가 싸웠다 하면 이기고, 남들보다 뛰어난 공을 세우는 것은 적을 알기 때문이다. 하지만 적의 사정은 귀신도 모른다.
> 적의 사정을 아는 사람에게 직접 들어야 알 수 있다.

"하나도 안 들린다. 안 들려!"

나는 손바닥으로 귀를 틀어막고 고개를 세차게 흔들었다.

"호동 왕자와 낙랑 공주 이야기 알지? 호동 왕자가 낙랑국을 멸망시키기 위해 낙랑 공주를 시켜 자명고를 찢게 한 이야기 말이야."

알긴 안다. 호동 왕자와 사랑에 빠진 낙랑 공주가 자명고를 찢는 바람에 낙랑국이 멸망한 이야기다.

"자명고를 찢으면 공주를 아내로 맞이할 것이고, 그렇게 하지 않으면 영원히 보지 않겠소."

호동 왕자는 낙랑 공주에게 자신과 결혼하려면 자명고를 찢으라고 했다. 자명고는 낙랑국의 귀한 보물로, 적이 침입했을 때 스스로 소리를 내어 알려 주는 북이었다.

사랑을 선택한 낙랑 공주가 자명고를 찢자마자 호동 왕자는 낙랑국을 공격했다. 자명고가 울리지 않아 결국 낙랑국은 멸망하고 만다. 그 후 호동 왕자와 낙랑 공주가 어떻게 되었는지는 잘 기억나지 않는다.

내가 생각하기에 호동 왕자는 나쁜 남자다. 낙랑 공주를 사랑하지도 않으면서 이용했기 때문이다. 하지만 호동 왕자의 나라, 즉 고구려 입장에서 보면 영웅일 것 같다. 나는 영웅이 되고 싶지도, 나쁜 남자가 되고 싶지도 않다. 그럼에도 불구하고!

"그래, 강보람과 사귈게. 사귄다고!"

나는 다짐하듯 외쳤다. 하기 싫은 일도 해야만 하는 게 전쟁이기 때문이다.

검재가 말하기를 보람이와 사귀기 위해서는 보람이의 마음에 들어야 한다고 했다. 보람이의 마음에 들기 위해서 보람이가 좋아하는 것과 싫어하는 것부터 알아보라고 했다. 나는 보람이가 눈치채지 못하게 거리 두기를 하면서 계속 지켜봤다.

관찰 결과 보람이가 좋아하는 것은 숫자 '1'이다. 공부도 1등, 밥 먹는 것도 1등, 화장실에 가는 것도 1등, 모든 면에서 1등을 해야 한다는 생각에 사로잡혀 있는 것 같다. 지켜볼수록 1등 병에 걸린 애라는 생각밖에 안 들었다.

보람이가 무슨 음식을 좋아하는지 관찰하기 위해 점심시간에 급식실에서 보람이를 찾았다. 그런데 어떻게 된 일인지 보람이가 보이지 않았다. 나는 학교 구석구석을 돌아다녔다.

"친구를 찾는 거니?"

교장실 앞을 지나가는데 등 뒤에서 교장 선생님의 목소리가 들렸다. 나는 움찔 놀라 그 자리에 멈춰 섰다. 보람이를 친구라고 할 수 있을까? 친구라고 대답하기에는 찝찝했다. 보람이는 적군일 뿐, 한 번도 친구라고 생각해 본 적이 없기 때문이다. 보람이는 물론이고, 우리 반을

제외한 4학년 아이들 모두가 적일 뿐이다.

친구라는 말이 낯설게 느껴졌다. 친구와 마음 편하게 놀아 본 게 언제인지 기억조차 나지 않았다. 아주 중요한 무언가를 잃은 것 같은 느낌이 들었다.

"사랑과 우정은 한순간에 찾아오는 법이지."

교장 선생님이 알 수 없는 말을 남기고 교장실 안으로 사라졌다.

잠시 뒤, 화단에 쪼그리고 앉아 있는 보람이를 발견했다. 보람이는 돌멩이처럼 꼼짝하지 않고 앉아 있었다. 내가 가까이 다가가는 줄도 모르는 것 같았다. 가까이 가자 보람이의 옆얼굴이 보였다. 눈가가 눈물로 얼룩져 있었다.

"강보람, 왜 울어?"

깜짝 놀라서 나도 모르게 물었다.

"윽! 들켰네."

보람이가 옷소매로 눈가를 쓱쓱 닦으면서 말했다. 보람이는 세상에서 가장 슬픈 얼굴을 하고 있었다. 그러곤 뜬금없이 물었다.

"나, 정말 못됐지? 나 때문에 힘들지?"

나는 가만히 고개를 끄덕였다. 솔직히 노른자 때문에 힘들었다. 싸우고 싶지 않아도 싸워야 하는 지금 이 상황에서 벗어나고 싶었다. 이기고 싶은 욕심에 비열한 방법을 쓰고 평화를 깨뜨리는 데 누구보다 앞장섰다. 컴퓨터 게임에 중독되듯 싸움 중독이 될까 봐 걱정도 되었다. 지금도 좋아하지도 않은 보람이와 거짓으로 사귀기 위해 아무렇지도 않게 말을 걸고 있는 내가 다른 사람처럼 느껴졌다. 솔직히 말하자면, 나는 내가 걱정된다.

얼마나 시간이 지났을까, 보람이가 천천히 입을 열었다.

"우리 언니, 공부 엄청 잘해. 학원에서도 1등, 반에서도 1등, 6학년 전체에서도 1등이야. 나중에 여자 대통령이 될 거래."

'보람이가 이런 이야기를 왜 나한테 하는 거지?' 하는 생각이 스쳤지만 잠자코 듣기로 했다. 왠지 그래야 할 것 같았다.

"엄마, 아빠가 언니만 예뻐해. 가방도, 옷도, 운동화도, 갈비도, 영양제도 언니 먼저 줘. 엄마, 아빠도 언니 거야. 좋은 것은 다 언니가 갖는다니까. 심지어 냉면을 먹을 때 나한테 물어보지도 않고 내 냉면 그릇에서 삶은 달걀을 가져간다고. 마지막에 먹으려고 아껴 둔 건데……. 엄마, 아빠는 언니한테 양보하라고만 하고……. 정말 짜증 나!"

다시 생각해도 화가 난다는 듯 보람이가 분통을 터트렸다. 순서 없이 이러쿵저러쿵 혼잣말처럼 지껄였지만 무슨 말을 하는지는 알아들을 수 있었다. 나는 보람이가 왜 노른자를 빼앗기지 않으려 하는지 이제야 이해가 갔다.

쩍! 머릿속에서 스파이 전략에 금이 가기 시작했다. 그동안 잊고 있었던 게 떠올랐다. 나는 숨을 크게 들이쉰 다음 용기를 내어 말했다.

"보람아, 네 마음도 모르고 노른자를 차지하기 위해 온갖 전략을 세우고 권모술수를 쓰고……. 미안해."

미안하다는 말을 입 밖으로 내뱉는 순간, 스파이 전략은 산산조각 나고 말았다.

"아니야. 내 생각이 짧았어. 처음에 네가 대화로 풀어 보려고 했을 때, 솔직하게 마음을 터놓고 이야기했다면 좋았을 텐데. 싸울 때가 있고 싸우지 말아야 할 때가 있는데 무작정 싸우자고 달려들었어. 그런데 속임수에 당했을 때는 정말 화나고 억울하더라."

늘 그렇듯이 보람이가 나를 향해 살짝 눈을 흘겼다. 다른 때 같으면 "사과받기 싫으면 내놔!" 하고 사과를 돌려받거나 "사과받기 싫으면 관둬!" 하고 토라져서 가 버렸을 텐데 어떻게 된 일인지 나는 보람이가 받아 줄 때까지 사과하고 싶은 마음이 들었다.

"싸워서 이기기보다 싸우지 않고 사이좋게, 평화롭게 지냈으면 좋았을 텐데. 이겨도 이긴 것 같지 않게 마음이 아프고 얹힌 것처럼 답답했어. 지금 와서 생각해 보니까 정말 한심한 행동이었어."

나는 한 번 더 진심을 다해 사과를 했다. 누군가에게 사과하고 돌려받지 못하면 손해를 보는 기분일 텐데 보람이에게는 돌려받지 못할 것을 알면서도 사과하고 싶었다.

"좋아. 네 사과 받을게. 나도 그동안 많이 미안했어. 너도 내 사과 받아 줘."

뜻밖에 보람이도 사과를 해 왔다.

"그래, 좋아!"

보람이와 나는 있는 그대로 솔직하게 사과를 주고받았다. 상대방을 이기지 않았는데도 속이 상하거나 답답하거나 울적하지 않았다. 도리어 기분이 좋아지는 것 같았다. 마치 마음 부자가 된 것 같았다. 전쟁이 나에게 가르쳐 준 걸까? 아니면, 나 좀 성장한 건가?

"조금 전에 급식실에서 보니까 오늘 점심 냉면이더라. 가자!"

나는 자리를 툭툭 털고 일어섰다. 나를 따라 보람이도 일어났다.

나는 식판에 냉면을 받아 보람이와 마주 앉았다. 보람이는 언제 찔찔거렸냐는 듯이 냉면을 맛있게 먹기 시작했다. 하지만 나는 냉면이 목구멍으로 넘어가지 않았다. 이상하게도 내 눈에 냉면은 보이지 않고 보람이만 보였다.

"이거, 너 먹어."

나는 냉면 위에 있는 삶은 달걀을 조심스럽게 보람이의 식판으로 옮겼다. 보람이가 두 눈을 동그랗게 뜨고 나를 쳐다봤다. 무슨 함정이나 속임수가 있는 것은 아닌지 의심하는 것 같았다.

"고마워!"

한참 만에 보람이가 나를 향해 활짝 웃었다. 얼음장처럼 차가워 보이던 두 눈이 보석처럼 빛났다.

"웅휘야, 체육관 노른자 말이야. 그냥, 사이좋게 다 같이 놀자."

급식실을 나오면서 보람이가 내 귀에 대고 속삭였다. 그 말을 듣는 순간 얼굴이 화끈거렸다. 곧이어 심장이 간질거리면서 콩닥콩닥 뛰기 시작했다. 어떻게 하면 상대방과 싸워 이길 수 있을지 온통 전쟁으로 가득 찼던 머릿속에서 빨강, 파랑, 노랑, 분홍, 보라…… 크고 작은 꽃송이가 팡팡 터지기 시작했다.

> 가장 최고의 병법은 싸우지 않고 이기는 것이다.

나는 손자의 말을 떠올렸다.

"오예! 내가 이겼다!"

보람이와 헤어져 교실로 왔는데도 자꾸만 생각이 났다. 냉면은 먹지도 않고 보람이가 먹는 모습만 지켜봤는데도 배가 불렀다. 사랑에 빠지면 밥을 먹지 않아도 배가 부르고, 뭐든 다 주고 싶은 마음이라는데…… 아, 설마! 뭐야, 창피하게! 온몸에 닭살이 돋는 것 같았다.

"딸꾹! 딸꾹!"

갑자기 딸꾹질이 나왔다. 딸꾹질을 하면서 나는 마음속으로 빌었다.

'손자님, 제발 보람이를 좋아하지 않게 해 주세요. 딸꾹!'

나의 첫 인문고전 09

열 살, 손자병법을 만나다

초판 1쇄 인쇄 2025년 8월 20일
초판 1쇄 발행 2025년 8월 27일

지은이 | 조경희
그린이 | 임광희
펴낸이 | 한순 이희섭
펴낸곳 | (주)도서출판 나무생각
편집 | 양미애 백모란
디자인 | 박민선
마케팅 | 이재석
출판등록 | 1999년 8월 19일 제1999-000112호
주소 | 서울특별시 마포구 월드컵로 70-4(서교동) 1F
전화 | 02)334-3339, 3308, 3361
팩스 | 02)334-3318
이메일 | book@namubook.co.kr
홈페이지 | www.namubook.co.kr
블로그 | blog.naver.com/tree3339

ISBN 979-11-6218-365-6 73810

값은 뒤표지에 있습니다.
잘못된 책은 바꿔 드립니다.

*종이에 베이거나 긁히지 않도록 조심하세요.
*책 모서리가 날카로우니 던지거나 떨어뜨리지 마세요. (사용연령: 8세 이상)
*KC마크는 이 제품이 공통안전기준에 적합하였음을 의미합니다.